カール・シュミット

仲正昌樹 監訳・解説

松島裕一 翻訳

国民票決と国民発案

ワイマール憲法の解釈および直接民主制論に関する一考察

Carl Schmitt, Volksentscheid und Volksbegehren:

Ein Beitrag zur Auslegung der Weimarer Verfassung und zur Lehre von der unmittelbaren Demokratie, 1927

作品社

はじめに

本書は、私が一九二六年一二月一一日にベルリン法律家協会で行った講演がもとになっている。直接民主制の問題を扱った〔本書の〕最終部分は、講演のときよりも詳細に論じている。現代の民主制的憲法を解釈することは、まさしく必然的に民主制をめぐるいくつかの根本問題に帰着する。それゆえ、一般国家学では一章〔を割いてこれらの問題〕が扱われるようになったが、ドイツでは従来そのような章はほとんど顧みられてこなかった。そもそも「国民」[1]や「民主制」といった根本問題はこれまで社会学的に論じられるだけであり、ロベルト・ミヘルス『政党の社会学』[2]あるいはH・W・マロック『純粋民主制の限界』[3]で確定されたような事柄――すなわち、そこで語られたのは「寡頭制」の不可避性[4]などであった――を超えることはほぼ皆無であった。他方、本書において重要なのは、政治理論と一般国家学にとって明確かつ有益であるようなさまざまな〔概念上の〕区別を行うことである。

gehren

und zur Lehre von der unmittelbaren Demokratie, 1927

——ワイマール憲法の解釈および
直接民主制論に関する一考察

カール・シュミット

国民票決と国民発案

Carl Schmitt,

Volksentscheid und Volksbe

Ein Beitrag zur Auslegung der Weimarer Verfassun

【監訳】仲正 昌樹　【翻訳】松島　裕一

凡例

＊ 本書は Carl Schmitt, *Volksentscheid und Volksbegehren: Ein Beitrag zur Auslegung der Weimarer Verfassung und zur Lehre von der unmittelbaren Demokratie*, Walter de Gruyter & Co. (Berlin und Leipzig) 1927 の全訳である。

＊ 翻訳には、この初版を用いた。二〇一四年に Duncker & Humblot (Berlin) から刊行された、シュミット本人による若干の修正とGerd Gieslerによる編者注を含んだ新装版も適宜参照した。

＊ 原文中の隔字体《ゲシュペルト》および斜字体《イタリック》には傍点を付し（ただし人名などを除く）、原文中の引用符は「 」に置き換えた。本文中の亀甲括弧〔 〕は訳者による補足であり、ダッシュ（——）は訳文の工夫として適宜使用した。

＊ 原注は▽1▽2…、訳注は▼1▼2…と表記し、いずれも本文の末尾にまとめて掲載した。

＊ ワイマール憲法の条文のうち原著で参照されているものについては、読者の便宜を考え、付録として巻末に訳出した。訳出にあたっては、初宿正典訳「ヴァイマル憲法」（高田敏・初宿正典編訳『ドイツ憲法集 第七版』信山社、二〇一六年、所収）およびカール・シュミット『憲法論』（阿部照哉・村上義弘訳、みすず書房、一九七四年）に掲載の邦訳を参照させていただいた。ワイマール憲法以外の条文についても、訳者の調べうるかぎりで訳注に記載している。なお、原文中の項番号[1][2]…は訳者が挿入したものである。

＊ 本文中の小見出しは原著になく、訳者による。

国民票決と国民発案

——ワイマール憲法の解釈および直接民主制論に関する一考察

目次

第Ⅰ章

国民立法手続き

1……国民票決の条件 12
2……もうひとつの立法手続き 16

第II章

国民立法手続きから除外される事項

1……三つの事項が直接民主制から除外されるのは何故か 28
2……予算案と国民発案 33
3……憲法史における財政問題 40

第III章

直接民主制の必然的限界

1……「国民」の「喝采」　50
2……国民の意思をいかに定式化するか　58
3……「自治」をめぐる問題　66
4……主権的行為としての国民立法手続き　70
5……国民と官吏、そしてアナーキズム　74
6……自由主義vs.民主主義　77

・原注　81　・訳注　105
・資料　ワイマール憲法の関連条文　111
解説——シュミット理論の魅（魔）力　**仲正昌樹**　113

第I章

国民立法手続き

I. Das Volksgesetzgebungsverfahren

国民発案《フォルクスベゲーレン》（ないし国民イニシアティブ）と国民票決《フォルクスエントシャイト》（ないしレファレンダム）はいわゆる直接民主制あるいは純粋民主制の二つの制度である。両者は不正確にもしばしばレファレンダムの亜種と呼ばれているが、▽1 そのような名称は国民投票《フォルクスアプシュティムング》という色あせた表現をレファレンダムと同一視する場合に可能であるにすぎず、またそのことによって結果として国民発案に特有の独自性が完全に失われることになる。国民発案と国民票決は概念的、歴史的には別ものであり、それゆえ、共通の名称としてレファレンダムという語は避けなければならない。国民票決はスイスの州《カントン》やアメリカの州《ステート》を模範として、民主制的憲法のなかでさまざまに発展してきた。そもそも真の「レファレンダム」とは、国民へ〔議案の〕提示がなされ、国民が国民代表に対して──〔権力の〕受託者に対する委託者として──承認《ベシュテーティグング》の決定を行うことである。しかし、こんにち国民票決には完全に相異なる複数の機能が含まれている。概念の明確さのためには、国民票決の事案の内部でレファレンダムという表現をさらに限定的に使用すること、より正確に言えば、立法府の議決が存在するような事案、すなわち法律以降のレファレンダム（*Referendum post legem*）[▽2]の事案に限定して使用することがとりわけ求められる。他方、そのような〔立法府の〕議決がなく直接国民発案に基づいて実施される国民票決は、たしかにそれが国民票決であることは明らかだが、本来のレファレンダムではない。以上の区別は、これからの考察で確証されるだろう。

1……国民票決の条件

ワイマール憲法上、国民票決は次の五つの場合に行われる。それらについては、一九二一年六月二七日の国民票決法一条[▼5]に要約的に列挙されている。第一に、ライヒ議会[▼6]が議決した一切の法律に対して、ライヒ大統領は国民票決を命じることができる（ワイマール憲法七三条一項）。第二に、ライヒ議会の議決に対してライヒ参議院が異議を唱えたときにも、ライヒ大統領の命令に基づいて国民票決が行われる（七四条三項）。第三に、ライヒ参議院の異議があるにもかかわらずライヒ議会が憲法改正を議決した場合、ライヒ参議院は国民票決を請求することができる（七六条二項）。第四に、七二条によれば、ライヒ議会が議決した法律はライヒ議会の三分の一の動議に基づいてその公布が延期されるが、この場合、有権者の二〇分の一の請求があれば当該法律に対する国民票決が行われる（七三条二項）。最後に、七三条三項によれば、完成した法律案に基づいて有権者の一〇分の一が法律案の提出を発案するとき、国民票決が行われる。本章ではこの最後の事案が最も興味深い。この事案では、発案された法律案がライヒ議会で変更を受けずに可決されたときには、国民票決は実施されない。

　ここで列挙した五つの場合において、国民票決の相異なる複数の機能がさまざまな仕方で結びつけられている。ライヒ議会の議決が存在するかぎりでは、その議決を承認ないし否認することが国民票決の核心である。それゆえ、本来のレファレンダムの機能がまだ存在しているが、それは他の機能と併存するものにすぎない。たいてい国民は〔承認と〕同時に、最高かつ最終の審級として決断を下している。それは、ライヒの最上級機関が有する一種の拒否権《ヴェート》についての決断であり〔七三条二項参照〕、あるいはライヒの最上級諸機関（ライヒ議会、ライヒ大統領、ライヒ参議院）の間に存在する見解の相違ないし紛争に関する決断である〔七四条三項参照〕。国民票決の本来の意味として当初からフーゴー・プロイス▼7がおもに念頭に置いていたのは、この決断の機能であった。▽3 決断《エントシャイト》は国民票決《フォルクスエントシャイト》という表現にも合致している。公布の延期された法律に対する国民票決は有権者の二〇分の一の申立てによって行われるが（七三条二項）、この場合には、ライヒ議会少数派による一種の拒否権が存在しており、国民はこの拒否権〔の是非〕について決断を下すことになる。ここでも承認というレファレンダムの特徴は維持されている。しかしながら、このケースの特殊性は、レファレンダムを求めるイニシアティブ（Referendumsinitiative）が付与されていることにある。この〔七三条二項の〕国民票決の機能について述べるならば、ここで語られているのが制御であることは一目瞭然だろう。すなわち、レファレンダムを求めるイニシアティブとレファレンダムとを用いて国民代表を制御すべきというわけである。コッホ議員はこの制御に国民票決および国民発案の本来の意味を見出した。▽4国民代表の意思と国民の真意との乖離は、こうして直接民主制の手法を用いて修正されなければならないとされる。ある意味では、国民票決のすべての場合において、承認機能、決断機能と並んで制御機能が効力を有している。しかし当然のことながら、制御機能が最も明確に現れるのは国民発案の場合においてである。国民発案に基づいて実施される国民票決の場合、すなわち七三条三項のケースでは、手続きの目的は制御機能に尽きているとさえ言えるかもしれない。

　この最後の、純粋民主制ないし直接民主制の根本問題にとってきわめて重要な場合がここでの最大の関心事である。国民発案ないし国民イニシアティブという表現はさしあたり――たしかにかなり不正確ではあるものの――イニシアティブの主体あるいは担い手を指し示しているが、ただそれだけであり、発案がどこに向けられているかについては何も述べていない。したがって、ここでもまたより正確な区別が必要となる。七三条二項（ライヒ議会が議決したにもかかわらずその公布が延期された法律に対して、有権者の二〇分の一が行う申立て）の場合とは異なり、七三条三項では法律の成立が阻止されているわけでもなければ、一種の拒否権が行使されているわけでもなく、「国民」（この表現の多義性についてはさらなる論究が求められる）が立法者として創造的に活動している。〔七三条三項には〕レファレンダムを求めるイニシアティブは存在しない。というのも、立法府の議決に対して国民の承認がもたらされるわけではないからである。しかしまた、〔同条項は〕法律のイニシアティブという単純なケースでもない。なぜなら、このイニシアティブは、立法府によって当該法律が議決されることのみを目的としているわけではないからである。むしろこの国民発案は国民票決に向けられている。国民イニシアティブが「その本質上」、国民による発案《イニシアティブ》のみならず国民への発案《イニシアティブ》でもあるかについては、ここで結論を出す必要はないだろう。▽5 いずれにせよ、ワイマール憲法上、〔この七三条三項の〕国民発案は、場合によっては《エヴェントゥエル》実施されるかもしれない国民票決（この国民票決は発案者たちがその目標を達成できない場合に開始しなければならない）を視野に入れて行われる。すでに以上のことからして、この国民票決のケースは一種独特なものとして特徴づけられるのである。

2……もうひとつの立法手続き

国民発案と国民票決との結びつきは、つまるところ、特殊な立法手続きを基礎づけるものであり、この手続きの本質は、国民発案に基づき、国民票決によって法律案が法律になるところにある。その結果、明示的に正規の立法手続きとして想定されているもの――それはすなわちワイマール憲法六八条上の立法手続きであり、〔ライヒ政府あるいはライヒ議会からの〕法案提出《イニシアティブ》とライヒ議会の議決を通じて行われる――とは異なるやり方で法律が成立することになる。より適切な名称が現れるまで、以上の手続きに対して国民立法手続き《フォルクスゲゼッツゲーブングスフェアファーレン》という用語を用いることにしよう。というのは、ひとつには、この手続きがレファレンダムおよびレファレンダムを求めるイニシアティブのいかなる場合とも明確に対立するものであることを強調するためだが、さらに言えば、この立法手続きでは徹頭徹尾「国民」が直接的に立法権限の担い手として活動しており、正規の立法機関を排除しているからである。ただし、「国民」という語はこの手続きのさまざまな段階で多様な事柄を意味している。この点については、のちほど本書第Ⅲ章でより詳しく探究するつもりである。ともあれ、国民発案と国民票決との結びつきは、国民発案に基づいて実施される国民票決というものをたんに国民票決のひとつの特殊ケースにするだけではない。[6] 正規外の立法手続き――正規の立法手続きと併存するところのそれ――が有する独特の意味連関をも基礎づけているのである。

しかしひと目見て、次のように疑う向きもあるだろう。すなわち、本当に七三条三項において〈国民立法手続きという〉一個の一貫した特別な手続きというものを想定することができるかと。というのも、〈同条項において〉正規の立法機関たるライヒ議会を排除することは容易ではないし、またライヒ議会は無視されてもいないからである。国民発案によって提出された法律案はまず政府によってライヒ議会に提出されなければならず、当該法律案がライヒ議会で変更を受けずに可決されたときには国民票決は行われない（七三条三項三文）。国民発案の担い手たちは「国民の意思を究明する」[7] という特別な関心を有しているのであって、彼らにとってライヒ議会の賛成は重要ではないのではないか――こうしたことはこの〈七三条三項三文の〉規定では考慮されていない。だが、国民発案の担い手たちがこのような制御に特別の関心を抱き、あらゆる事案でライヒ議会に代えて国民に決断を委ねようと努力すること、このことによって無条件に国民発案の目標が達成されることになるか否かは問題ではない。憲法の規定の目的は明確である。すなわち、発案された法律が正規の手続きで成立し、国民発案が実質的にその目標を達成した場合には、ブレットが述べるように、[8] 実践的動機および合理的理由に基づき国民票決という面倒な手続きが省略されるのである。憲法はじめに法律案をライヒ議会に委ねており、そのことによってライヒ議会には、国民票決を通じて行使されるおよそ意図的な制御に対して先手を打つ機会が与えられている。しかし、このことは制御の観点が貫徹されていないことを証明するものにすぎず、一個の一貫した手続きを想定することへの異論を意味するものではない。以上のことから、この国民発案のケースは、立法を求める単純なイニシアティブの一例にすぎないということにはならないだろう。もちろん、七三条三項という特異な規定には、正規の立法機関へ向けられた国民のイニシアティブという要素もまた存在している。しかしこのことは、当該規定が国民票決へも向けられていることときわめて密接に結びついている。国民票決が「たんに場合によっては」と言われるとき、それは国民票決が場合によっては行われないというたんに否定的なことを意味しているにすぎない。国民票決はけっして補助的なものではない。憲法自身が否定的な定式で表現しているように、「国民票決は実施されない」のである。ライヒ議会が提出された法律案に変更を加えて承認したときには、国民立法手続きが進められる。ライヒ議会による否決ないし修正議決が意味するのは、国民立法手続きから生じうるひとつの派生的な出来事《アプライトゥング》〔、すなわち国民票決なしで法律が成立するという出来事〕が起こらないということである。いまや国民票決にとって重要なのは国民発案によって提出された法律案であり、ライヒ議会が行うかもしれない修正議決それ自体は重要ではない。ただし、一九二一年六月二七日の国民票決法三条▼8の規定によれば、〔修正議決がなされた〕この場合の国民票決の対象は「発案された法律および、ライヒ議会によって議決された変更済みの法律」である。文献のなかで適切に指摘されているように、ここには憲法改正が存在している。▽9 国民、すなわちここでは投票権を有する市民は、国民発案の提案とライヒ議会の議決との間で決断を下すのであり、国民票決はそのことによって決断機能を獲得し、場合によっては、憲法の条文上では国民票決が有していない承認機能をも取得することになる。▽10 とすれば、実際にはまさに複数の国民票決が実施されており、少なくともこれらの国民票決のひとつは「独自の（*sui generis*）」立法手続きの終結を意味している。この国民票決は、ライヒ議会に対するたんなる承認ないし否認でもなければ、拒否権《ヴェート》ないし紛争についての決断でもなければ、正規の立法手続きで成立する議決に対して与えられる承認《ザンクツィオーン》でもない。〔七三条三項の〕国民発案が特別な手続きの開始であるのと同様に、〔同条項の〕国民票決はその〔特別な手続きの〕終結なのである。

　正規外の国民立法手続きが正規の立法手続きと併存しており、それが一個の一貫した手続きであること、この点からのみ、七三条四項の事項（予算案、公課法、俸給法）▼9——これらにかんしてはライヒ大統領のみが国民票決を命じることができる——が国民発案の対象となりえないのかも説明される。憲法はこのことを明示的には禁じていない。しかし、一般に承認された見解によれば、これらの事項は国民発案から排除されるべきであり、しかもアンシュッツ▼10が述べるように、それが「理に適って」おり、あるいはトリーペル▼11の所論が示すように、国民発案の意味がないからである。というのも、国民の内部から提出された法律案に反するような議決が議会でなされた場合に、その議決に対する最終的な決定が終局的なかたちで国民に与えられていないのであれば、「制度の構想全体およびその歴史的展開からして」、その国民発案には意味がないのである。[▽11] ハチェック[▼12]がまったくもって正しく強調しているように、もし国民発案と国民票決とが相互に独立に存在する別個の制度であるのならば、国民票決から排除されているいくつかの事項にかんして、なぜそれらが国民発案からも排除されなければならないのかは理解できないだろう。[▽12] すでにここから導かれる結論を勘案すれば、一個の一貫した手続きというものを想定しなければならない。決定的な問いはこうである。憲法は法律案がライヒ議会の議決によって変更を受けずに可決された場合には国民票決を行わないと定めているが、この規定は何を意味するのか。この規定は、トリーペルはそう考えていると思われるが、[▽13] 最終的に正規の立法手続きへと誘導するものではない。トリーペルの考えによれば、ライヒ議会が変更を加えずに可決した議決に対してライヒ参議院が異議を唱え（七四条一項参照）、ライヒ議会の再度の議決において単純過半数しか実現しなかった場合には（七四条三項四文参照）、ライヒ大統領は国民票決を実施せず（七四条三項三文参照）、そのことによって国民発案を処理することができる。こうして国民発案は「握りつぶされる」というわけである。このようなトリーペルの見解は正当にも退けられている。[▽14] 彼の見解は誤っているが、それは彼の見解があまりにも形式主義であり、民主主義的な感覚を苛立たせるからというだけではない。トリーペルの見解は、一個の一貫した手続きという文脈も見誤っているのである。七三条三項の規定によれば、ライヒ議会の議決によって変更を受けずに可決されたときには国民票決は行われない。この規定が意味するのは、国民発案が法律の成立という別のかたちで実現されているときには、国民発案は客観的に処理されているのであり、その場合には票決（決断）は行われるべきではないということにすぎない。これが先ほど言及した合目的的な考慮であり、正規の立法機関によって〔発案〕事項が処理され、国民発案が対象を喪失した——なぜなら、国民発案はその客観的な目的を達成したのだから——場合には、国民票決を省略しようとするものである。そうではない場合には、当該手続きは国民票決へと進められる。正規の立法手続きへの誘導は、場合によっては行われるかもしれないというだけのことである。

したがってワイマール憲法には、国民発案に始まり国民票決へと至るような、そういう正規外の手続きが存在している。たしかにこの手続きでは、正規の立法機関は発案された法律に変更を加えずに可決することによって、当該手続きの対象を喪失させることができる。しかし、そうならなかった場合には、再び明らかになるように、正規の立法と並走していたこの特別な手続きが一貫性を保ちつつさらに先に進められていくのである。この手続きに対して、本書では「国民立法手続き《フォルクスゲゼッツゲーブングスフェアファーレン》」という表現を提案しよう。

第Ⅱ章

国民立法手続きから除外される事項

II. Die vom Volksgesetzgebungsverfahren ausgeschlossenen Angelegenheiten

ワイマール憲法は七三条四項において、三つの事項、すなわち予算案、公課法、俸給法にかんする国民票決〔の実施〕を大統領の命令のもとに留保している。この条項によって、これらの対象は国民立法手続きから除外されている。ライヒ法律はライヒ議会の三分の一の動議によって〔その公布が〕延期されるが、これに対して有権者の二〇分の一の申立てがあれば、これに基づいて国民票決が行われる（七三条二項）。しかしこの国民票決は、すでに憲法の条文の文言上からして、以上の事項に対しては認められない。もっぱら〔七三条〕三項で規定されている国民立法手続きの一貫性を理由としてこれらの事項にかんする国民発案が除外されていることについては、すでに言及したとおりである。この〔国民立法〕手続きにとって、〔一定の事項が〕除外〔されていること〕は実践的、理論的にきわめて重要である。他方、〔七三条〕二項の手続きについてはここでは考察の対象外とすることが許されるだろう。ひとつにはこの〔七三条二項の〕手続きはライヒ議会およびライヒ参議院による緊急性の表明によって簡単に排除されうるからであり〔七二条参照〕、そうだとすれば、原理上もまた、この事案には直接民主制の一貫した立法手続きは存しておらず、一種の少数派の拒否権《ヴェート》と結びついた、レファレンダムを求めるイニシアティブがあるにすぎないからである。結果、手続きの特殊性と一定の事項の除外との独特な関連性が際立つことはありえないのである。

　特定事項の除外という問題は国民票決でも国民発案でも取り上げられうるが、この問題が直接民主制のこれら二つの制度にとって同じものであるとは簡単に言い切ることはできない。国民票決には適しているが国民発案には不適切である対象もあれば、その逆もある。「レファレンダム」の用語法が混乱しているために、しばしばこの重要な区別に注意が払われずにいる。ワイマール国民会議[13]の憲法委員会では、たいていの場合、特定の事項が「国民投票《フォルクスアプシュティムング》」から除外されるべきことが話題になっており[15]、結果として、国民票決に対する国民発案および国民立法手続きの特殊性が目立つことはなかった。他方、ラント憲法では多種多様な規定が見られる。バーデン〔二三条三項[14]〕、ヘッセン〔一四条[15]〕、ヴュルテンベルク〔四五条[16]〕では州民投票《フォルクスアプシュティムング》、バイエルン〔七七条[17]〕では「州民議決《フォルクスエントシャイドゥング》」、ハンブルク〔五八条三項[18]〕、ブレーメン〔四条[19]〕、テューリンゲン〔二〇条[20]〕、メクレンブルク＝シュヴェリーン〔四五条[21]〕では州民票決《フォルクスエントシャイト》からそれぞれ一定の項目が除かれている。州民発案《フォルクスベゲーレン》から一定の事項を明確に除外しているのは、ブラウンシュヴァイク（四一条三項）[22]、プロイセン（六条三項）[23]、ザクセン（三七条）[24]、シャウムブルク＝リッペ（一〇条五項）[25]、メクレンブルク＝シュトレーリッツ（三二条二項）[26]のラント憲法である。オルデンブルク（六五条一項および二項）[27]では投票権を有する二万人の州民による発議権《フォアシュラークスレヒト》、リッペ（一〇条五項）[28]では州民請求《フォルクスフェアランゲン》が例外扱いされている。すでに以上の概要から明らかなように、ここで何らかの用語法を無理にあてはめたり、ある憲法から別の憲法へと見境なく反対解釈（*argumenta e contrario*）を施したりすることは形式に拘泥するものであり、許されない。したがって、例えば次のように言うことは許されない。ワイマール憲法七三条四項によれば、ライヒ大統領のみが一定の事項にかんして国民票決〔の実施〕を指示することができるとしか述べていないので、国民発案はあらゆる事項にかんして認められる云々。ワイマール憲法七三条の規定には、直接民主制の諸制度を憲法に組み込もうとする新たな試みが含まれているが、それは、憲法委員会の議事録からも明らかなように、けっして学術的・体系的な見通しのもとに行われたのではない。この規定は体系的にも用語法上も十分な吟味を経て定式化されているわけではない。それゆえ、ここで文言をあれこれ解釈したり、州《ラント》の諸憲法と比較しても本質的な結論を得ることはできないのである。

1……三つの事項が直接民主制から除外されるのは何故か

このことは、これまで七三条四項にかんして提起されてきた最重要の解釈問題、すなわち三つの事項——予算案、公課法、俸給法——が列挙されていることについての解釈にもあてはまる。文献のなかでは次のような見解が表明されているが、それは列挙〔という事実〕からほぼ自動的に導き出されるものである。それによれば、まさに三つの確定事項のみが国民発案（正確には、国民立法手続き）から除外されているのであり、それ以外の法律については、仮にそれらが純粋に財政的な性格を有していたとしても、国民発案の実施はすべて可能である。この見解に対して、ライヒ政府は四項の規定を別様に解釈した。この問題が実践的意義を有していたのは、一九二六年に、国民発案の手法で現行の増額評価立法およびライヒ国債の弁済に変更をもたらす試みが行われたときであった。ドイツ預金者協会（上級地方裁判所長官ベスト博士）は、公債弁済および抵当その他の請求権の再評価にかんする法律のために国民発案の許可申請を行った。まずライヒ政府は「国民票決にかんする第二法律」というかたちで憲法改正の特別法を提案した。この法律によって、（一九二四年二月一四日以前に築かれたもろもろの法関係に関連して）貨幣価値の下落の結果を規制する法律も予算案、租税法、俸給法にかんする法律とみなされると明確に規定されるはずであった。[16] このような「制限的法律《アブドロッセルングスゲゼッツ》」は実のところ——この国民発案が実際それ自体としては憲法に適合しており、許容されるものであったとすれば——憲法の規定を破棄するために憲法を改正するというかたちの濫用であっただろう。トリーペルはこうした〔ライヒ政府の〕試みに対して断固として反対した。[17] ライヒ政府はその計画を断念したが、しかしそれにもかかわらず、ライヒ政府は国民発案の許可申請を認めなかった。その際の根拠が、発案された法律は、七三条四項が定める国民発案の除外事項に該当するというものだった。[18] この〔ライヒ政府の〕立場もトリーペルによって激しく非難された。したがって、二つの解釈が対立している。ひとつの立場はライヒ政府の見解であり、それによれば、予算案に直接かつ重大な影響を及ぼす法律はすべて国民発案から除外される。もうひとつの立場はトリーペルのような偉大な学者の見解である。この見解はおもに七三条四項の文言を根拠としており、三つの事項の列挙に〔国民発案の除外事項を〕限定する効力があることをその拠り所としている。

　トリーペルによれば、「完全に限定された三種類の法律」、すなわち予算案、公課法、俸給法のみが憲法によって国民発案から排除されているのであり、その文言を超えて、それ以外の財政的内容を有する法律——特に公債弁済に関する法律——を排除することは許されない。またトリーペルは憲法委員会の議事録に言及しながら、七三条の成立史において「三種類の法律」

が熟慮のうえで選択されたことを引き合いに出している。「初めに予算案、次に公課法、それから俸給法であって、一般原則の例外をなすいずれにも〔委員会での〕審議の際に特段の理由が示されていた」。〔さらに〕プロイセン憲法六条三項[29]の文言も参照されている。プロイセン憲法六条三項によれば、国民発案は「財政問題、公課法および俸給法」にかんしては認められておらず、それゆえ、同項の除外範囲はワイマール憲法七三条四項よりも意図的に拡張されている。というのも、ワイマール憲法七三条四項は、財政問題ではなく予算案だけを話題にしているからである。トリーペルによれば、〔ワイマール憲法七三条〕四項の拡張解釈は、「文献ではすでに当初から許されないと言われている」のである。

　文献に見られるこの最後の論拠はさほど根拠のあるものでなく、ここではわきに置いてもよいだろう[19]。プロイセン憲法六条三項を指摘することについては、当該問題においてラントの諸憲法の表現を引き合いに出しても説得力に欠けるということがすでに言われていた。なぜなら、一九二〇年のプロイセン憲法にはワイマール憲法よりも遅れて成立したという事情が加わるからである。それゆえ、プロイセン憲法からワイマール憲法へと逆さまに解釈すること（argumentatum e contrario）はなおのこと許されない[20]。〔トリーペルの挙げる〕他の論拠――七三条四項の文言およびその成立史――はライヒ政府が態度表明の際に提示した根拠とは異なっているが、それはあるひとつの興味深い対立を示している。「国民票決にかんする第二法律草案」

についてライヒ政府が述べた理由によれば、三つの事項（予算案、公課法、俸給法）が国民イニシアティブから排除されているのは、次のような考慮に基づいている。「財政的な性格をもつ法律においては直接利害関心を有する人びとの集団から必要数の署名を受け取ることが難しくなく、また、このような法律は租税および経済計画全体とつながっており、その連関から切り離すことはできない」。一部の国民によってイニシアティブが握られないようにしなければならないが、それというのも、経済的負担の割り当てにかんしてそれ以外の国民が不利益を被るような決定が行われないようにするためである。増額評価問題と弁済問題に対する目下の取り決めは、われわれの通貨制度およびすべての国家予算の基礎を形づくっている。「ドイツ経済全体を震撼させたくないのであれば、このような法律はライヒ予算案や公課法と同等に扱われるべきなのである」。公債弁済にかんする法律のためになされた国民発案の許可申請を拒否するに際して（一九二六年八月）、特に強調されたのが予算案との関連性だった。公債弁済負担として新たな金額を予算案に組み込む義務がライヒには課されている。「したがって、当該法律は予算案の残高全体に直接的な影響を与えるであろう。それも、問題となる金額が多額であるがゆえに、現実に予算案を台無しにするような仕方で影響を及ぼすかもしれない」。以上のような根拠から、国民発案から特定の事項を排除する規定が増額評価および公債弁済の諸法律にも妥当するということは理に適っているのである。

トリーペルはこうした論拠に反論するために〔ワイマール憲法七三条四項の〕成立史と文言を引き合いに出している。〔後者にかんして言えば、〕文言は完全に明確であり、そこで言及されているのは予算案だけであって、予算案に影響を及ぼす法律については触れられていないというわけだ。こうしてみると、論争はかなり単純かつ平易であるようにも思われる。憲法七三条四項の成立史にかんする資料はさほど多くないし、問題になっている条文の文言はわずか三語から成るものにすぎない。それにもかかわらず、問題が簡単に解決されると考えるのは誤りであろう。文言も成立史もそれほど明確ではないので、それらから説得力のある論拠を導き出すことは容易ではない。七三条の条文は、すでに言及したように、テーマの体系的一貫性や理論的に優れた定式化の成果ではない。成立史が示すところによれば、たしかに現行の文言は徐々に成立してきたものであるが、その三語のそれぞれによって指示されるべき範囲が厳格に意識されていたわけではない。社会民主党のカイル議員ははじめ俸給の問題と予算案を〔七三条四項から〕除外しようとしたが、公課法についてはそうではなかった。「というのも、まさに租税法《シュトイアーゲゼッツ》は、直に私たちにとって非常に大きな役割を担うようになるであろうから」（議事録二九四頁および二九六頁）。議員のコーン博士は公課法を例外とすることの正当性を承認していた（三一一頁）。コッホは「予算案と財政法」を排除しようとしたが（三〇八頁）、にもかかわらず、国民は「財政問題」について発言することができると考えていた（三一一頁）。ようやくグレバー議員が「予算案、公課法およびライヒ公務員俸給法」と発言したが、彼のこの提案（一八九号）がアプラスの提案した修正を受けて現在の文言の基礎となっている。ライヒ財務省の枢密顧問官ゼーミッシュは、予算案《エター》以外に租税法と俸給法もレファレンダムから除外するように熱心に推奨した。財政法、財政問題、財政上の問題といった一般的な表現は何度も除外項目の名称として使用されており、上述のコッホの発言のみならず、カッツェンシュタイン（三一〇頁）、デルブリュック（三一一頁）、クヴァルク（三一二頁）においても用いられている。しかし、それらの表現の意味するところを意識的かつ明確に区別することはできない。加えて、成立史の現存資料は完全ではない。解釈の手がかりをもたらすことはたしかだが、説得力のある論証を与えてくれるものではないのである。

2……予算案と国民発案

七三条四項の文言にかんして言えば、そこで言及されているのが予算案《ハウスハルツプラン》であって予算案法律《ハウスハルツプランゲゼッツ》ではないことに注意しなければならない。若干のラント憲法（バーデン二三条三項[30]、ヘッセン一四条[31]）では「財政法律《フィナンツゲゼッツ》」が特例とされているが、その場合、この語は狭い意味で捉えられている。すなわち、定期的に作成される予算法律《ビュジェーオーダーエタースゲゼッツ》が念頭に置かれている[21]。オルデンブルク憲法（六五条一項および二項）[32]では「州予算法律《シュターツハウスハルツゲゼッツ》」が例外に挙げられており、メクレンブルク＝シュトレーリッツ（三二条一項および二項）[33]では複数形で公課および州予算法律と言われている。文言を厳密に論じようとするために生じる最初の問題は、ここでの議論において、予算案にかんする法律（Gesetz über den Haushaltsplan）と予算法律（Haushaltsgesetz）なるものとを同視してもよいかという問いであろう。これは否定されるべきである。予算案にかんする法律がすべて国家（州）予算法律《シュターツハウスハルツゲゼッツ》であるとはいえない。すなわち、ワイマール憲法八五条二項によれば、ライヒのすべての収入および支出について秩序と均衡を守って作成された計画に対して年に一度法律の形式で同意が与えられるが、予算案にかんするあらゆる法律がそのような同意であるとは限らない。国家予算法律は他のもろもろの財政法律と比較して、「まさにこれぞ」財政法律と呼ばれるものである。国家予算法律は、すでに言われているように、「財政法律の長（κατ᾽ ἐξοχήν）」である。[22]それゆえ、国家予算法律とは別に、その他の財政法律を「予算案にかんする法律」と呼ぶことが言語表現上可能である。

　こうした言語的考察は、実態をより子細に考察することによって正当化される。というのも、予算法律そのものを、すなわち、毎年公布すべきところの、予算案を確定する法律のみを国民発案から除外する憲法の規定は無意味に等しいからである。この予算法律は、七三条二項のレファレンダムを求めるイニシアティブ、七三条三項の国民発案にとって、実際上はおそらくまったく問題にならないだろう。均衡を保って策定されるライヒ予算案――ライヒの収入および支出にかんする必然的かつ確実な項目と概要をすべて兼ね備えたそれ――を発案者たちはどこから実現するというのか。年に一度公布される予算法律――ありとあらゆる妥協を伴うそれ――が国民発案によって成立するということを、どのように考えればよいのか。ライヒ予算法律は正規の立法手続きにおいて成立するが、だとすれば、国民発案はライヒ予算法律の成立前後のいずれに行うべきなのか。仮に成立前に行われるなら、発案者たちがライヒ議会よりも先に行動するという想像しがたい事態が生じるであろうし、成立後に行われるなら、予算法律なるものはすでに存在していることになる。以上から帰結するのは、予算法律なるものが話題になっているかのように七三条四項の規定を解釈すべきではないということである。むしろ、本質的に金銭的性格を有しており、それゆえに予算案に直接関係するような法律はすべて――予算全体のバランスを改変するものであれ、個々の費目を変更するものであれ――予算案にかんする法律なのである。予算法上これまで容認されてこなかったような支出にかんして、法律によって新たにこれを政府に認めた場合、起債する権能を――例えば、国有財産を事業化するための資金の調達を目的として――政府に与えた場合、予算案の超過ないし変更があとになって許可された場合、これらは予算案にかんする法律に当たる。こうした言い回しの法的根拠は、そのような法律がその本質的意義を予算法《ビュジェーレヒト》の領域に有していること、その内容が予算法《ビュジェーレヒト》的であることに存している。しかし、ここで問題にすべきは〔「予算法」ではなく〕「予算案」であるなどと強調してみても、それはたんなる言葉遊びにすぎないだろう。〔七三条四項において〕予算案が問題になっているのは分かり切っているが、この予算案はまさにそれにかんする法律によって変更を加えられ、修正を受けるのである。予算法律なるものだけが国民発案から排除されているというように文言を曲解しようとするのであれば、最終的には、公務員のためになされる物価手当てや賞与は国民発案の手法で請求可能であるとも言わなければならないだろう。というのも、それらは俸給法《ベゾルドゥングスオルドヌング》ではないからである。本質的に予算法《ビュジェーレヒト》的な意義を有するあらゆる法律は予算案にかんする法律であり、例えば、以上のように物価手当てや賞与を法律によって承認することは七三条四項の意味における俸給法《ベゾルドゥングスゲゼッツ》なのである。

したがって、財政的な法律が国民発案から排除されるという発言は完全に正当化される。ここでは「財政法律《フィナンツゲゼッツ》」ないし「財政的法律《フィナンツィエレ・ゲゼッツェ》」という誤解を招く語彙に代えて、「金銭法律《ゲルトゲゼッツ》」▼34を使用することにしよう。〔金銭法律にとって〕本質的なことは、法律の内容に即して金銭的措置が実行されることによって、国家予算に新たな収入がもたらされたり、あるいは新たな支出が課されたりするということである。そのような〔金銭〕法律は、その題材からして、国家の財政高権《フィナンツホーハイト》の領域に存する。金銭法律はたんに形式上は法律というにすぎず、内容的には財政上の行政行為である。副次的に財政的な効果を伴う法律はこれには含まれない。混合的性格を有する法律では個々の事案において線引きすることになるが、それは困難なものになるだろう。この点については以下でさらに言及するつもりである。しかし、線引きの困難さや濫用の恐れから概念一般に対して批判を行うことは明らかな誤りであろう。金銭法律ないし財政法律という概念は、国法上の概念としてかなり以前から近代憲法史において承認されており、近代的な予算法を有するすべての国において必須の概念である。それゆえ、ここでは〈概念の〉恣意的な拡張が問題なのではなく、予算案一般の現実から分離不能であるような国法上の現象が重要なのである。そのような法律は、実際のところ、立法権力、プヴォワール・レジスラティフ（*pouvoir législatif*）の発露ではなく、財政高権、プヴォワール・フィナンシエ（*pouvoir financier*）の発現なのである。数百年の長きにわたって、法律を制定する権利《レヒト》と租税および公課を課す権利《レヒト》とは区別されてきた。[▽23] さらに、一七八九年の「人間と市民の権利の宣言」においてその対立が示されており、法律についてはその六条で、公課については別に一三条で語られている。[▼35] 立憲君主制の憲法を通じて、とりわけ議会に協賛権が与えられた結果として、もろもろの観念が変化した。公課法および俸給法はこんにちでは実質的な意味における法律として妥当している。これが正当か否かは、ここで論じる必要はない。いずれにせよ、こんにちの通説によれば、予算案の策定は実質的意味における法律ではなく、財務行政の行為である。公課法および俸給法、すなわちこんにちの理解によれば実質的意味における法律とされるものでさえも憲法が国民立法手続きから排除しているのであれば、たんに形式のみが法律というだけで、実質的には国家の財務行政にかんする一切の行政行為はますますもって〔国民立法手続きから〕除外されるであろうし、それらは「予算案にかんする法律」という表現で理解されるだろう。

ところで、一般に「予算案」にかかわる憲法の規定をいかなる金銭法律にも適用しないのは、正しく理解された予算案の概念とも矛盾するだろう。予算案の概念には、つまるところ収入と支出の均衡が属する。予算案は巨大な複合体であり、政府と議会との折衝の帰結である。予算案は、「均衡のとれた収入と支出の総計というものによって特徴づけられる」ところの、全体案なのである。▽24 個々の内訳はきわめて密接に連関しあっており、そのような連関がなければ予算案はそもそも成立しない。七三条四項の成立史では、こうした連関が決定的に意識されている。とりわけ、政府枢密顧問官ゼーミッシュの有力な発言においてそうであり、グレバー議員においては、公課法と俸給法は長い交渉と妥協の産物であり、それらを分離することはできないということが特に強調されていた。この連関という観点が妥当だとすれば、同じ連関のなかにある他の任意のポイントを無視することはできない。〔解釈が〕対立する文言にかんして、この連関から広範な結論を導き出すのはやりすぎかもしれないが、この〔連関という〕観点を無視することは同様に不当である。予算案は静的な併存というのみならず、秩序よくバランスのとれた総体でもある。予算案の確定は均衡を確定することであり、均衡によって予算案ははじめて統一性と連関性を獲得する。その結果、この均衡を直接的に変更ないし妨害することはすべて、予算案の直接的な事項となるのである。予算案は整序された財政を言い表す表現である。予算案を確定することは国家の財政権《フィナンツゲヴァルト》をコントロールすることを意味する。ただしそれは、純粋とは言いがたいようなその他の金銭法律によってもたらされる副次的な財政効果から国家の財政権が自由であるかぎりにおいてなのである。

　予算法《ビュジェーレヒト》をめぐる国民代表《フォルクスフェアトレートゥング》（議会）の闘争史はこの連関の法的意義を正当化しており、またこの闘争史を通じて示されているように、整序された財政のある一点に影響を及ぼす可能性がありさえすれば、それがいかなるものであれ、その影響は当然に拡大したり全体に波及したりする傾向にある。予算法全体は公租公課に対する承認権《ベヴィリグングスレヒト》の一点から発展した。国民代表が（プロイセンやライヒのように）予算《ビュジェー》を承認したのではなく、（バイエルン、ヴュルテンベルク、ザクセンのように）租税に対してのみ承認権を有し、予算《ビュジェー》に対してはたんに検査権だけしか持っていなかったようなラントにおいても、このような課税承認権の「遡及効」が認められていた。遡及効は支出の種類についての判断を必要とし、そのことで州民代表は必要な支出について判断できる状態に置かれた。予算と課税承認とは「分離不能の連関にある」ものと呼ばれ、バイエルンでは次のように説明された。「等族[36]たちが国王のために予算を編成して彼に指図を与えるということが国王の有する全能の国家権力と両立しないことがたしかだとすれば、他面で、国家予算の制度は課税承認にこそ依存していることになる」▽25。しかし、そのような不可避の遡及効が公課法と国家予算の関係にも妥当するのであれば、その遡及効はその他の金銭法律にこそはるかに妥当しなければならないし、憲法が何らかの点で〈課税承認権で〉財政に影響を及ぼすことに肯定的であるとき、この〈予算と課税との〉決定的な連関が強く押し出されることになるが、否定的な場合、すなわち、憲法が影響を排除しようとする場合には、この連関という観点がますますもって強く妥当することになる。金銭法律によって予算案の収入項目と支出項目そしてその均衡を恣意的に変更できる可能性が無限定に存在するなら、〈ワイマール憲法七三条四項における〉予算案の除外は完全に無意味で空虚なものになるだろう。

3……憲法史における財政問題

ここで、予算案にかんする法律と金銭法律とを別個のものとして扱おうとするのであれば、歴史的経験を完全に見誤ることになるだろう。しかし、憲法史の経験はさらにそれ以上のものを証明している。すなわち、財政問題へのイニシアティブ権（発議権）の特殊性がそれである。これまでヨーロッパの民主主義は憲法史のなかで展開してきたが、その史的展開に照らせば、イニシアティブを財政へと拡張する方向で考えられたことはなかったと断言できるし、むしろ逆の方向で考えられてきたことを認めることができる。すべての民主的国家で見られるように、この〔財政への〕イニシアティブ権は制限される傾向にある。秩序ある財政の統一性の観点と同じく、金銭法律におけるイニシアティブ権の特殊性もまたこの展開から正当化される。二院制を有する国々では周知のように、次のような原則が形成されてきた。その原則とは、下院は本来の国民代表として金銭法律における優越ないしは唯一の決定権さえ有し、上院ないし参議院はこの種の法律においては衆議院に劣後するというものである。イギリスではこの展開は君主に補助金を許可し臣民に課税するという下院の権利とともに開始され、一九一一年の議会法で終結する。この議会法によって、いかなる形式であれ、金銭法案《マニー・ビル》については下院のみが決定できることが確定された。たとえ上院が金銭法案について議論を行うとしても、この案件にかんしては下院が排他的な立法権を有するのである。[26] だが、こうした展開がもうひとつパラレルに進行していることを見逃してはならない。すなわち、下院は王国政府の形式的な発議と勧告に基づいてのみ、国家の支出にかかわる法律案に従事することが許されるということが、議院規則（*standing orders*）によって確定された、イギリス憲法の命題なのである。[27] イギリス自治領の成文憲法（例えば、オーストラリア憲法五六条[37]）では、明確にこのことが述べられている。それと同じく、ヨーロッパ大陸では金銭法律におけるイニシアティブの特殊性が際立っている。一八一四年六月四日のフランス憲法一七条[38]以来、その特殊性はいたるところで認められる。[28] この〔フランス〕憲法の条項では租税法、すなわち「ロワ・ド・ランポ（loi de l'impôt）」しか挙げられていない。しかし、そのような〔金銭法律におけるイニシアティブの特殊性の〕概念が自然と不可避的に拡大していった結果、その条項は拡張した。すでに一八三一年のベルギー憲法二七条[39]では、国家の収入と支出にかんするあらゆる法律（toute loi relative aux recettes et aux dépenses de l'Etat）が、最初に衆議院で投票すべきとされている。一八五〇年一月三一日のプロイセン憲法六二条[40]によれば、財政法律案と国家予算案は最初に下院に提出することになっており、それ以外の法案は政府の選択に委ねられていた。ライヒと同じくプロイセン国法でも、議会は政府の意思に反して支出の面で予算《エター》の変更を企図することは許されないという原則が妥当している。ワイマール国民会議の憲法委員会でのゼーミッシュの発言は、このような法的状況を表しており、ワイマール憲法七三条の成立史と関連性を有しているがゆえに、特別の意義をもっている。「（議会は政府の意思に反して支出面で予算《エター》を増額させる権能を有していないという）この見解は、紛争時代[41]のプロイセン下院でも主張された。また当時、下院の予算委員会《ビュジェー》が決議したところによれば、新たな支出費目あるいは〔支出の〕増額は下院によっては直接予算に組み入れられず、むしろ州政府が採択の決議によって次年度の予算《エター》へと手配しなければならない」[29]。一八七五年二月二四日のフランスの憲法的法律[42]八条二項[43]によれば、たしかに上院は法律のイニシアティブ（提出権）を有しており、その点で下院のイニシアティブと競合していたが、

「予算法律（lois de finances）」は最初に下院に提出され、下院で投票が行われる。ここでもまた、国民代表のイニシアティブが制限されていくという典型的展開〔を見ることができる〕。すなわち、議員規則の手法で一九〇〇年と一九二〇年に個々の議員が有するイニシアティブ権が制限されたが、その制限は収入減額および支出増額のための財政問題においてであり、〔その行使は〕一定の期間に限られる等々。憲法上のイニシアティブをたんなる議院規則の変更によって制限することが許されるのかという国法上の問題が当然に思い浮かぶが、この問いにデュギー[44]は次のように回答している。イニシアティブの権利の行使のみが制限されているだけであり、とりわけ（そしてこれが彼の本来の論拠だが）そのような制限の目的は正当化される。なぜなら、制限することによって公的財政が議員たちの影響から保護されるからである。というのも、議員たちは支出を増額したり収入を減額することが選挙民にとって喜ばれる場合には、簡単にそうする傾向にあるからである[30]。こうした金銭的事項におけるイニシアティブの特殊性は一般に認められているが、このことをさらに正当化するために、ライヒ議会の支出イニシアティブを制限するワイマール憲法八五条四項への言及がなされている。それに加えて、数多くのラント憲法における同様の制限規定[31]や、より制限を強めようとする注目すべき提言[32]への指摘がなされている。

以上のような一致に鑑みると、金銭法律におけるイニシアティブはその拡大に賛成されるよりもむしろ反対されてきたという推測には疑う余地がない。確実に言える難点はただ、金銭法律の概念が容易に〔他から〕区別されず、大きな政治不信にさらされるという点にある。ひとつには、予見できない拡大の危険のためであり（結局のところ、あらゆる法律は財政的側面を有しており、国家予算において明らかになるような副次的効果を有している）、それから政治的法律と金銭法律とを結びつけること――イギリスにおいてあれこれ議論されているいわゆる「付帯（tacking）」[▽33][▼45]の実践――による誤用の可能性のためである。しかしそのことをもって、すでに言及したように、〔金銭法律という〕概念それ自体は当然否定されないし、不要ということにもならない。そのような概念を前提とする憲法の規定が数多く存在しており、それゆえ、より詳細に区別しようとする試みが数多く存在する。一八五〇年憲法六二条[▼46]にかんするプロイセン国法の実務では「財政法律（Finanzgesetze）」の解釈《ウムシュライブング》が少なからず見受けられるが、しかしそこでの本質的帰結は、「州政府はすべての疑わしい事案においては、財政法律の性格を一定の定義にはめ込むのではなく、事案ごとに吟味しなければならないという見解を主張した[▽34]」というものである。イギリス議会法は法的定義を企てている。[▽35]こうした学問的ないし立法的な限界づけの試みをここで批判することはできない。端的に次のことのみを指摘しておこう。国家生活の本質的活動に必要不可欠な一切の不確定概念（例えば、公的な安定性や秩序）と同じく、ここでも重要なのは、考えうるすべての事案を要件的に整理されたひとつの定式で規範的に把握することではないということだ。むしろ、そのような概念を具体的事例へ適用することを誰が決断するのかという問いが重要である。問いはここでも決断的なものであり、「誰ガ決定スルノカ（*quis judicabit*）」ということなのである。イギリスの法的定義が国法的、政治的に優れているのは、その定義があらゆる内容的な改変を超えて、権威あるかたちで決断する地位、すなわち下院議長に言及している点にある。[▽36] ドイツ憲法にとっても同様の問題が生じる。つまり、国民発案の許可申請にあたって、ワイマール憲法七三条四項によって除外されている項目であるか否かを誰が決断するのかということである。国民票決法三〇条[▼47]によれば、ライヒ内務大臣が国民発案の許可申請について決定しなければならないが、この法律の規定によれば、彼の決定は外在的要件と形式的手続きのみにかかわる。除外事項であるか否かの実質的決定は、ライヒ政府の権限に属する。なぜなら、ライヒ政府は法律案をライヒ議会に提出しなければならず、それゆえ、すでに許可申請に際して、のちに示されるべき憲法適合的な要件が備わっているか否かを審査しなければならないからである。審査は登録手続《アイントラーグングフェアファーレン》きの前に行われなければならない。というのも、審査の結果、手続きの不許可が明らかになった場合、当該〔登録〕手続きが無駄になってしまうからである。政府の決定権の濫用に対する十分なコントロールは、議会の信任にかかっている。[▽37] 見解の相違があるような事案においては国事裁判所〔ワイマール時代の憲法裁判所〕の決定に委ねること[▽38]——そうした不確定概念の適用を判定することが裁判所にとってつねに適切とは言えないにもかかわらず――をより正しいと考えることができるか否かはまた別の問題であり、ここでは論究すべき問いではない。ともあれ、それが憲法律でルール化されるまでは、以上の場合に決断を下すのはドイツではライヒ政府なのである。

第Ⅲ章

直接民主制の必然的限界

III. Die natürlichen Grenzen der unmittelbaren Demokratie

さまざまな金銭法律はどの程度、直接的な国民立法の手続きから除外されているか。この問いは、究極的には直接民主制一般の限界についての問いと関連している。それにもかかわらず、この問いを論じていくと、多くの場合に、学問的とは言えないような、政治的な意図によって歪められた利害関心あるいは不信感に接することになる。広く流布した浅はかな見解によれば、安直にもありとあらゆることを「国民」に委ねることが「民主的」であると考えられており、また、そもそも「国民」にいったい何ができるのかと問うだけでも「民主的ではない」とみなされる。私が思うに、勇敢な国民(民族)は重大かつ決定的な瞬間において偉大なことを成し遂げる。しかし、法律でルール化されるような日常生活のありふれた事柄においては、〈国民にすべてを委ねるべきかという〉問いに無条件にイエスと答えることは愚かなことだろう。以下では、「国民」という主体の特性、事柄の本質、国民の意思の確定方法、民主主義の理想的で道徳的な原理、こうしたことから〈直接民主制の〉もろもろの限界がもたらされる。直接民主制の可能性はまさに特定の対象および方法に限定されているのであって、アメリカ人の著作家が社会学的な考察において正しく強調しているように、民主主義の命運はその限界を正しく認識することにかかっている。[39] いずれにせよ、いかなる民主的国家であれ、特定の観念なり方法なりを何の考えもなく拡張し、そのことによって自らの国家形態を不合理（*ad absurdum*）たらしめることに興味など持ち合わせていないと言えよう。

1……「国民」の「喝采」

とりわけ意識しておく必要があるのは、「国民 Volk」という語の多義性である。なぜなら、〈「国民」という〉同一の名称でそれなりの大きさと主体を指し示しているが、それらが法的、政治的、社会学的には相違していることは一目瞭然だからである。ワイマール憲法の前文によれば「国民」は「この憲法を制定した」とあるが、この場合に言う国民とは憲法制定権力の担い手、「憲法制定権力＝構成的権力（*pouvoir constituant*）」の主体のことである。したがって、次に述べる国民とは根本的に異なっている。つまり、この憲法に基づいて国家の「機関」として――言い換えれば、「憲法によって構成された権力（*pouvoir constitué*）」として――憲法に規定されたかたちで特定の権限を行使するところの国民、すなわち、ライヒ議会やライヒ大統領を選挙したり、あるいは「国民」票決の際に行動するところの国民とは本質的に別ものである。それから、「国民」とは通常は選挙あるいは投票に参加する者であり、その多数派がたいていは決定（決断）を行う。しかしワイマール憲法七五条の「国民」票決では、有権者の過半数が投票に参加することが定められており、その結果、この条文では国民の意思を確定するにあたって、通常とは異なり、投票した者のみが考慮されるのではなく、自宅に居た者も国民として観念されるのである！　国民という語は「国民」発案ではさらに別の意味を有している。少数派による発案が国民発案と呼ばれるが、その少数派は、ふつう民主主義において国民と同一視される多数派とは完全に別の意味での国民だからである。個人によるイニシアティブの場合には、このことはさらに際立つだろう。国民イニシアティブのような文脈では、とりわけ「国民」は一切の官僚機構および組織化された官庁と対立することを意味している。有権者の一〇分の一の発案を国民発案というが（ワイマール憲法七三条三項参照）、仮に彼らが確固たる大きさをもったまとまりとして法律案を継続的に提案するために組織化されるならば、この有権者たちはすぐさま国民ではなくなるだろう。国民という語が有するこの奇妙な意味は、ここでは政府とも一切の確固たる官庁の「形式」とも対立するものである。国民自身が統治すべきとされる民主主義においても、国民という語がもつこの意味は繰り返し妥当することになる。換言すれば、国民とはまさに省庁の機能を有しない者、統治しない者のことなのである。この点に、古代の古典的なローマ国法の観念が依然として息づいていることが示されている。その観念によれば、国民と官吏《マギストラート》は互いに対立するものであり、国民はその本質からして政務官(magistratus)[48]ではないのである。[40] もちろん、この〔国民と官吏という〕対立を現代の民主制的な国家法に安易に移し替えることは許されない。しかしながら、その基本的な正しさにはこんにちなお注意が払われるべきであり、以下では、その点をより明確にするためにこの対立をしばしば引き合いに出すつもりである。

以上のように「国民」にはさまざまな大きさがあるが、それらは法的にルール化された諸条件のもと、ルール化された手続きのなかで登場する。この場合、「国民」の活動〔のあり方〕は種類と内容に応じた意思表明の手続きに左右される。国民が実際に参集する場合、彼らは(スイスの民会のように)招集された共同体として市場なりその他の場所なりに姿を見せることになるが、その大きさは社会学的、政治的に容易に把握できる。参集した国民は全体意思を有し、その意思を表明する。これは、参集することなく個別に秘密投票を行い、その集計の結果として意思を表明する国民とは異なっている。秘密個別投票にあってはそれに先立って公的な審議《ベラートゥング》——ここでいう審議は手続きに即してルール化されたものだが——が行われないため、集合した国民というものに特有の可能性が間違いなく否定されている。なぜなら、国民に最も固有の活動・権限・機能、国民の意思表明すべての核心、民主制の根源現象、ルソーも本来の民主制ということで念頭に置いていたもの、それこそが喝采であり、集合した大衆の賛成ないし反対の呼び声だからである。国民は指導者《フューラー》[▼49]に対して喝采を送り、群衆（ここでは国民と同視される）は将軍や皇帝に対して喝采を与え、国民同胞の「参会者たち《ウムシュタント》」または州民集会は提案に対して喝采で応える（その際、本当に指導者あるいは当該提案に対して喝采が送られているのかという問いは未解決のままだが）。高い声を出したり低い声を発したり、歓声を上げたりブーイングをしたり、武器と盾を打ち鳴らしたり、武器を盾の上へ上げたり、ある決定に対して何らかの言葉とともに「アーメン」と言ったり、沈黙によってそうした喝采を否定したり。エリク・ペテルゾン[▼50]の研究は紀元後数世紀にわたる喝采とその形態を記述したものであり、学問的な意義において専門分野の枠組みに収まりきらない根本的な研究である[▽41]。いまだ国民が存在する場合、そして彼らが競技場の観衆としてであれ、どこかに実際に参集して政治的生活のサインを表明する場合、その意思は喝采を通じて示される。実際のところ、こうした喝采を放棄できるような国家というものは存在しない。絶対君主でさえも、人垣を作って歓声を上げる多数の国民を必要とする。喝采は、あらゆる政治共同体に存する恒久的な現象である。国民なくして国家はなく、喝采なくして国民はないのである。

このようにして喝采が学問的に発見されたことが直接民主制ないし純粋民主制の手続きを論じるための出発点である。見落とされてはならないことだが、ある種の世論がたんなる政治的な口実にとどまらず、社会的実体として存在する場合、決定が行われるあらゆる瞬間――その瞬間に国民の政治的意義を確証できる――において、賛成ないし反対の喝采も現れる。この喝采は投票手続きとは独立のものだが、そもそものような投票手続きによっては喝采の真正さは危険にさらされる可能性がある。なぜなら、集合した国民の直接性はこうした喝采に属するものであり、個々の有権者が隔離されたり、選挙あるいは投票が秘密化されることによってその直接性は否定されてしまうからである。それゆえ「直接民主制」という表現は、すでに先ほど確認したように、もっぱら相対的に理解されるべきである。多くの場合、この表現は「代表」民主制の対立物として使用されているが、けっしてそのように一義的かつ自明のものではない。真の、古典的な民主制（この意味において「純粋」民主制）の観点からすれば、ほんらい、以上のような秘密個別投票に基づいて政治的に重要な意思を確定するということほど間接的なことはない。このような確定によっては、個々の有権者は孤立した無責任な私人になり下がり、生き生きとした直接性のなかで与えられる国民（民族）という大きな全体が一個の集計手続きになってしまう。

民主制的国法を法学的に認識することによって明らかになるのは、憲法で国民がその意思を表明するための手続きを定めてしまうと、表明される内容は一定の可能性に制限されてしまうということである。国民は大衆として直接的にあるがままの姿において喝采を送るのであり、あらゆる提案に対して意見を述べることができる。その際、国民が科学的・技術的な専門家を演じようとしているといった思い違いが抱かれることはない。国民は指導者《フューラー》を信頼し、指導者との連帯や一体性を政治的に意識しつつ、それに基づいて提案を承認するのである。国民はある特定の政治的なカテゴリーにおいて政治的生活の重要な担い手として意見を表明するのであり、その決定は、国民が不屈の政治的本能を有し、味方と敵を区別することを知っているかぎり、つねに正しいのである。これに対して秘密投票の手続きでは、典型的にリベラルな思い違いが蔓延しており、それがすぐさま想起される。それによれば、個々の有権者は個々の重要な問題にかんして客観的に専門的な判断を提示しなければならず、その結果、彼らはありとあらゆる事柄にかんして独立で判断するように教育されなければならない。こうして最終的には、すべての市民はたんに完璧な政治家、勇敢な兵士のみならず、何でも知り尽くした専門家にもなるのである。このようなものは民主制でもなければ、議論に値する理想ですらない。しかし他方で、次のような問いが立てられる。秘密投票の手続きに鑑みたとき、こんにち国民（民族）が固有になしうることとはいったい何であろうかと。

あらゆる国家において国民は何らかのかたちで喝采を送っていること、そしてそれは選択

（選挙）の場面で特殊な機能を発揮しているのであり、その選択（選挙）は投票とは本質的に異なるものであること、こうしたことを度外視するならば、こんにち持ち上がる問いとは以下のようなものである。秘密投票の手続きが現代では一般に実施されているが、この手続きによってどのような限界がもたらされるのであろうか。秘密投票の本質からして避けがたい限界については、この場でただちに言及できる。その限界とは、秘密投票の手続きは厳密に定式化された簡単な問いに依存せざるをえないというものである。ローマ市民は官吏《マギストラート》とともにしか行動できず、市民は「我ハ汝ラ羅馬市民ニ提案スル（*rogo vos, quirites*）」〔という官吏の問いかけ〕に対して「汝ノ提案スルママニ（*uti rogas*）」と回答したという。[42] この命題がすでにローマ共和制の国法に妥当していたとすれば、現代の民主制においてはこうした依存関係はよりいっそう際立ってくるはずである。個々の市民が一定の人びとを選出するにとどまらず、ある具体的な問題に対してその立場を明らかにしなければならないと仮定してみよう。この場合、そもそも何千、何万の秘密個別投票からひとつの結論を確定するためには、その問いはあらかじめ信頼のおけるかたちで定式化されていなければならない。このように問いが定式化されることによって国民の真意は危険にさらされたり誤謬に陥ったりするかもしれないし、問いを定式化できる権力の保持者はその結果にも決定的なかたちで影響を及ぼすだろう。こうしたことはしばしば指摘されてきたところである。[43] ここで重要なのは、秘密個別投票の特性からして直接民主制の可能性が容易に制限されてしまうということだ。すなわち、〔秘密個別投票では〕国民はイエスかノーしか発言できず、しかもそのように発言できるのは、個々の有権者に提示される厳密に定式化された問いについてだけである。[▽44] さもなければ、数百万に及ぶ個人投票の回答から全体の帰結を読み取ることはまったくもって不可能だろう。たんに問いが明確であることのみならず、イエスかノーで理解でき、それが集計可能なものであること、これらは問いの精密さにかかっている。講和を求めるか否かをドイツの有権者に問おうとするのであれば、ほぼ全員一致の多数を勝ち取ることは容易であろうし、またそのことによって実質的な決断がもたらされることもないだろう。ドイツの有権者に協調政策[▼51]に賛成するか否かを問う場合も、こんにちでは同じく圧倒的多数〔の賛成〕が期待できるだろう。しかし、この場合のイエス〔という回答〕は、党首――まさに投票の瞬間に党首の名前は「協調政策」と結びつけられているわけだが――に賛意を示して喝采を送っていることとほぼ変わらない意味を有している。もしある条約に調印すべきか否かなどというかたちで問いが定式化されれば、回答はもちろん別の結果になるだろう。[▽45] たいていの場合、数多くの問いの立て方が可能である。これに対して、国民、すなわち秘密個別投票の結果として生み出される多数派は、つねにイエスかノーしか発言できないのである。

2……国民の意思をいかに定式化するか

国民は問いを自ら定式化することはできないし、それを自ら提示することもできない。実際に国民が集められ、そこに居合わせた国民が公的に議論を繰り広げるとして、さらに彼らにそうした定式化およびイニシアティブの能力が備わっていると仮定しても、多数派がいかなる定式化を望んでいるかが秘密個別投票によって確定されるのであれば、いずれにせよ、そうした国民の能力は機能しなくなる。さまざまに定式化された問いが〔国民に〕提示されるが、多数派にできることはそれらのなかからひとつを繰り返し選んでいくことだけであり、極端な場合には、ある問いを立てるべきか否かという問いにイエスと答えられるにすぎない。秘密個別投票において国民はその意思を表明しはするが、国民には答えることはできても、問うことはできないのである。

したがって、秘密個別投票の手続きでは、国民が法律案を立案することもけっしてありえない。なぜなら、法律案は投票ではなく審議によって実現されるものだからである。このように見てみると、本来の国民立法手続《フォルクスゲゼッツゲーブングスフェアファーレン》きにおいて国民イニシアティブは不可能である。それにもかかわらず数多くの憲法が国民イニシアティブに言及しているとすれば、そのイニシアティブは実際には立法府ないし政府のイニシアティブとは異なるものである。ワイマール憲法は七三条三項で、完成した法律案を提出する場合には有権者の一〇分の一が国民発案を行うことを要求している。すでに言及したように、ここでは「国民」は何か特別なものを意味しており、けっしてふつうに決定を行う多数派ではない。法律案はもちろん有権者の一〇分の一によって仕上げられる——有権者はここでもまた法律案を変更することはできず、たんにイエスかノーを言えるのみである——のではなく、どこからか提出される。有権者の一〇分の一は〔この提案に〕イエスと言う。それで、これは国民イニシアティブだということになる。〔だが、〕この場合においてもイニシアティブは問いを定式化したり、内容を正確に規定したりすることとは関わりがない。ここで以下のような異論を持ち出すのは見当外れである。結局、比較的規模の大きな集会においてはすべて——さらにどのような議会や合議体であっても——究極のイニシアティブは実際にはつねに個人から出発している、換言すれば、あるひとりの個人が提案の詳細を立案しているが、外形的《フォルメル》には決定機関ないし決議体のイニシアティブが提出されるのだ、というような異論である。違いは、量的相違を質的相違に転化し、本質的変更をもたらすことになる、投票する個人の数のみにあるのではなく、主として、合議体の内部で審議が行われるかどうか、つまり、イニシアティブの決定が共同の審議の帰結であり、それゆえにまた共同の議決の結果であるかどうか、にあるのである。こんにちの秘密個別投票という手法のもとでは、まさに公開の審議と討論とが正式の手続きから排除されている。それらは法的に把握可能で社会的にコントロールされる手続きの外部に置かれ、私人の意のままに行われる新聞のプロパガンダやアジテーションへと変更されてしまう。

秘密個別投票に基づく直接民主制は、その意思形成と意思表明の特性に適した本来の対象を有している。それは、権限を有する団体なりその他の国家「機関」なりによって行われた個別の決定に賛成すること、さらには、最上級の国家官庁と国家「機関」との紛争に決着をつけることである。これらの場合、テーマの区別なく、あらゆる案件が国民票決の対象となりうる。このような紛争では諸々の機関（ライヒ議会、ライヒ大統領、ライヒ政府、ライヒ参議院）が対立しているが、これらの機関は明確に認識可能で、形式的にもしっかりと規定されており、また通常は内容的に見てもその見解の相違点は単純なテーゼとアンチテーゼで理解することが可能である。したがってこの場合には、問いは完全に形式的な明確さをもって、（ローマ国法の表現を用いることが許されるなら）政務官《マギストラトゥーア》によって立てられる。（こうした問いに対しては）秘密個別投票でイエスかノーかを発言でき、このイエスとノーを集計することで最終審としての多数派が当該紛争を解決することができる。個別投票が単純なイエスかノーに依拠していること、この点にフーゴー・プロイスの見解を正当化する本来の根拠もある。彼が憲法委員会の審議においてたえず強調していたのは、レファレンダムの本来の機能は、最上級のライヒ諸機関の紛争および見解の相違を解決する点にあるということであった。▽46 それゆえ、次のように推論することが民主制に適うと考えるのであれば、それは誤りである。すなわち、国民票決の場合にはテーマにかんして制限がなく何でも可能であるということから、国民イニシアティブの場合にも同様に何でも無制約に可能であると推論することである。民主制的に推論するということが一般的には国民の権能を可能なかぎり広げることにあるとしても、そのことは国民イニシアティブには該当しない。発案を行う「国民」は、多数派という民主制的な意味での「国民」でもなければ、真のイニシアティブ、すなわち共同の審議から生み出された共同の決定が提案されているわけでもない。したがって、国民発案については国民票決とは完全に異なり、そこから一定の事項が除外されるという問題が生じるのである。

もっとも、多くの憲法ではあまり体系化されているとは言えないような、行き当たりばったりのルール化がなされており、そのことによって問いに混乱が生じている。いくつかの憲法で、一定の事項が、さまざまな仕方で除外されている。それらの事項は、ある憲法ではレファレンダムから除外されているが、別の憲法では国民イニシアティブから、また別の憲法ではすべての国民投票から除外されているという具合に。それらのケースでは、国民発案と国民票決との本質的な対立が明確には認識されていない。ワイマール憲法には（国民立法手続きを求める）国民イニシアティブ（七三条三項）から除外される項目の一例が含まれており、それがレファレンダムを求めるイニシアティブ（七三条二項）にもあてはまることはこれまでの章で論じてきたとおりである。ドイツの諸ラントの憲法では多種多様な例が見られるが、[▽47] それはスイスの州《カントン》[▽48] およびアメリカ合衆国の州《ステート》[▽49] においても同様である。憲法改正を求める国民イニシアティブあるいはレファレンダムが留保されている場合（スイス連邦でも国民イニシアティブにかんして留保されている）を別とすれば、とりわけ以下の事項が除外されていることが多い。すなわち、条約、治安、公衆衛生、財政問題がそれである。たとえ形式的には憲法改正が問題になっているような場合であっても、あまり重要ではない事項についてはすべて国民イニシアティブから除外してしまおうという提案がなされたこともあった。さもなければ全体の制度設計《アインリヒトゥング》が価値のないものになってしまう恐れがあるからである。[▽50] L・ローウェル[▼52] は宗派対立を呼び起こすような問いを除外することを推奨している。[▽51] これまでこうした問いを全体的に論じたものは、多くの場合、もっともらしい実用的な根拠によって支配されていたのであり、[▽52] そうした根拠はワイマール憲法七三条[▽53] およびラントの諸憲法[▽54] にかんする国法上の文献においても有力である。国民と官吏の関係をめぐる根本的な問いは、いまだ取り上げられてはいない。

　現行の実定憲法には一定の事項を直接民主制の方法から除外する諸規定があるが、それらの規定から、レファレンダムではなくて、イニシアティブから除外されるテーマに固有の特殊性の手がかりを得ることはできない。たしかに、国民発案を一般的に許容することにかんしてある種の慎重さが目につくし、▽[55] とりわけ財政問題が除外されがちであると述べることはできる。しかし、財政問題はしばしば国民票決からも除外されている——もっとも財政レファレンダムはレファレンダムの歴史においてことさら頻繁に、重要な意義を帯びて登場するのではあるが▽[56]。実践的な考慮の大部分はレファレンダムから除外する場合だけではなく、国民イニシアティブから除外する場合にもあてはまる。科学技術上の難問を判断したり、あるいは外交政策や国家財政の複雑な情勢を見通したりすることは国民には不可能であるという観点からは、とりわけそうである。イニシアティブが有する独特の国家理論上の特殊性は、上記のような実践的な考慮のもとでは多くの場合見失われている。さらに見落とされているのが次の点である。テーマにかかわりなく重要な決断を行う際には、つねに政治的な問いが存在しうるのであり、官吏によって問いを提示された国民はつねに決断する能力を持ち合わせていなければならない。このことは〔国民の〕教養ないし教育の問題とはあまり関係がない。実際的な面から言えば、農民層あるいはプロレタリア層の国民は大卒層の国民よりもその政治的意識において安定しているからであり、また理論的に言っても、民主制ではまさしくその前提からして国民はあらゆる政治的決断を行いうるからである。

　国民イニシアティブは異なる。この場合、発案者たちにあらゆる種類の協働が可能であるとは実践的にも理論的にも言うことができない。また、国民に提示すべき問いを定式化するにあたって、そうした定式化を行う権力は個別投票のために見通しがたいものとなっているが、そのような権力を無条件に私人たる発案者たちに委ねることが民主的であるとも言えないだろう。したがって、さまざまな民主的国家の実定憲法に基づく国民イニシアティブの領域も実際にはさほど広範なものではない。ただし、国民イニシアティブ〔の規定〕を有する複数の民主制的憲法がしばしば紛らわしい仕方で並べられ、その結果、〔国民イニシアティブの領域が〕大きく広がっているように見える。しかしながら、〔国民イニシアティブから〕明示的のみならず間接的にも除外されているテーマがある。国民（州民）イニシアティブの大多数の事例は、連邦国家を構成する各州の憲法の規定、すなわちアメリカの州《ステート》、スイスの州《カントン》、ドイツのラントの憲法の規定に基づいている（オーストラリアのような自治領の事例は再び特例となる）。ある連邦国家において個々の州がなんらかの州民イニシアティブを有しているとしても、国としてはその種のイニシアティブを有していない、あるいは〔州と〕同程度には有していないのであれば、連邦国家の権限と各州の権限の区分によって、国の権限に属するテーマも〔国民イニシアティブから〕除外されることになる。憲法イニシアティブの事例を度外視すれば、このことはとりわけスイスと合衆国にあてはまる。フーゴー・プロイスはワイマール国民会議の審議において、小規模のラントと七〇〇〇万人を抱えるラントでは直接民主制の制度設計に本質的な相違が存在することを指摘していた。[▽57] こうした量的相違よりもさらに重要なのは、テーマの国法的・政治的相違であり、ここではこれが問題となる。連邦国家では国が主権を有している。すなわち、連邦国家において実存的に本質的な政治的決定を行う担い手は国である。州にとってその政治的実存の問題は連邦の実存の枠内においてのみ成立する。スイス連邦ではさらに次のことが付け加えられる。国が永世中立化されており、その結果、その外交《アウセンポリティーク》は外国の政治《アウセンポリティーク》に巻き込まれてはならないということをその本質とする。[58] それゆえ、各州に依然として留保されているテーマはその範囲が縮小されているのみならず、その国法的・政治的性格も変容を被っている。そしていかなるかたちであれ、そうした〔スイスの〕州《カントン》あるいは〔アメリカの〕州《ステート》の制度設計をドイツのライヒ憲法の解釈の手がかりにしようとしたところで、それは役に立たないだけではなく、端的に誤っている。このことはとりわけ公債やその他の金銭法律をめぐる国民投票にあてはまる。これらはスイスの州《カントン》あるいはアメリカの州《ステート》で頻繁に行われている。ここで「財政レファレンダム」が数多く存在するからといって、国民発案〔の範囲〕をすべての金銭法律へと拡張する方向でドイツのライヒ憲法を解釈することが認められることにはならない。[59] 各邦および各州《カントン》の財務行政は、主権国家の財務行政とは法的にも異なっている。各邦および各州の財務行政は、形式的には「国家的なもの」とされているにもかかわらず、実際には自治事務の性格を担っているのである。

3……「自治」をめぐる問題

しかし自治の領域にとって――州、県、町村の自治のいずれが問題になっていようとも――民主制の問題は、主権国家の統治および行政の領域とは本質的に異質のものである。それらの自治においては民主制の問題は国家の形態にかかわる問題ではないからである。あらゆる民主制にとって、一連の同一性が本質的な意味を持つ。[▽60] だが、自治（自己管理 Selbst - Verwaltung）〔という言葉〕で示唆されている同一性は、内容的にも論理的構造においても、自己統治（Selbst - Regierung）のそれとは別ものである。自治（自己管理）とは固有の事務の管理運営《フェアヴァルトゥング》である。〔自治（自己管理）にいう〕「自己（Selbst）」には主体との関係が含まれているが、その関係は当該主体の有する業務および客観的な事務にかかわるものであり、主体それ自体に関係するのではない。[▽61][▼53] これに対して、統治《レギールング》は人に対する人の政治的な支配を意味しており、政治および国法〔学〕では自己統治の概念を自分自身に対する支配〔自律〕という道徳的概念と混同してはならない。なぜなら、もしある個人が道徳的に「自分自身を支配する」ことが可能であるとしても、二人もしくは複数の人間が「自ら支配する」とき、すなわち政治的に支配する場合、ただちに状況が変わってしまうからである。多数者が自己自身を支配するとは、一方の人びとが他方の人びとを支配することか、あるいは包括的な高次の第三者が支配することである。ひと言で言えば、国《シュタート》と州《カントン》、国の行政と〈地方の〉自治の間の以上のような差異を念頭に置いておけば、それで十分である。

国民イニシアティブの問いにとって参照すべきポイントは、国民と国民によって選挙された官吏との関係にある。ここから互いに区別される以下の諸領域が生じる。

1．〈地方の〉自治（自己管理）の領域はここではまったく問題にならない。この領域では国民と官吏の関係は、国の統治（政府）および行政の場合とは異なっている。なぜなら、共通性に基づいた全体の実存に触れるような、特定の政治的な決断が抜け落ちているからである。この場合、国民のイニシアティブは国家形態一般にかかわるものを何も作り出さず、一種の事務処理に当たる。そうした事務処理は君主政においても同様に可能である。

2．国の行政および自己統治の領域。ここでは、国民による自由なイニシアティブが官吏の選定とは矛盾することを意味する。というのは、官吏は、国家にかかわる事柄を包括的な国家統一体の業務として扱うために選定されているからである。官吏をいつでも罷免できるようにしておくことは可能だが、官吏が自由で無責任な「発案者たち」と実質的に競合してしまうことは、官吏を任用することの趣旨に反する。憲法の明文の規定により国家のさまざまな統治行為《レギールングスアクト》および行政行為《フェアヴァルトゥングスアクト》が法律の形式を取らなければならないとすれば、そのかぎりで法律イニシアティブという新たな問題が生じる。これについては後述する。しかしすでにここでも、財政問題の除外――この除外は国民イニシアティブではとりわけ頻繁に行われているし、ワイマール憲法七三条四項にも認められる――は体系的に見れば、正しい考察に合致していると述べることができる。国による統治および行政は国民イニシアティブに適した分野ではないのである。ワイマール憲法七三条四項の根拠（*ratio*）もまたこうした考察において探究されなければならない。

3．以上の文脈でしばしば言及されるのが、被選挙団体の解散あるいは公務員の罷免を求める国民のイニシアティブだが、これは元来この問題領域に属する事柄ではない。このイニシアティブは国民と選挙された官吏の実質的な活動および権限の関係にかかわるものではなく、任命と罷免のやり方に該当するものである。この場合、体系的に考察してもイニシアティブに必要となる制限を明らかにすることはできない。

4．法律イニシアティブが国民イニシアティブの本来の領域である。この際に注意すべきは、法律イニシアティブと結びついた法律とは実質的意味の法律、すなわち〔国民の〕権利を一般的に拘束する規則の定立でしかありえないということである。他の理解はそれがいかなるものであれ、憲法上の規定の趣旨と矛盾するだろう。憲法は立法手続きをルール化しているが、通常は実質的意味の法律と形式的意味の法律が一致していること、つまり憲法上整序された立法手続きが当然に行政や司法の活動ではなく立法にのみ妥当するということがその出発点とされなければならない。例外的に特殊な国家行為《シュターツアクト》を法律の形式と結びつけることは可能である——立憲君主制の憲法では典型的な出来事だが、その場合、重要な統治行為《レギールングスアクト》および行政行為《フェアヴァルトゥングスアクト》が行われるに際して議会の協賛が保障されていなければならない。しかしながら、形式的法律という概念が議会制共和主義において何を意味するかという問いとはかかわりなく、法律という形式は特別に定められた例外を除けば、法律としてのみ考慮に値するのであって、なんでもかんでも法律という形式で処理できるということではないのである。立法手続きに関与する者であれば誰もが国家にかかわるあらゆる事柄を自分の意のままにできるという具合にして、立法手続きにかんする憲法の諸規定を濫用しようとすれば、それは論理的ではないし、憲法にも反するだろう。特にこのことは法律イニシアティブにあてはまる。憲法が法律イニシアティブについて規定しているとすれば、それは、憲法はイニシアティブの名宛人に対して立法手続きを開始するチャンスを付与しているということであって、それ以上ではない。内容的に無制限の権能が名宛人に与えられるのではない。名宛人に好ましく思われる事柄がすべて法律の形式で扱われるわけでもなければ、名宛人に取り上げられる事柄がすべて法律へと作り変えられるわけでもないし、またこうしたことによって名宛人の権限が無制限に拡張されるわけでもない。立法手続きにかんする憲法の規定はその手続きをルール化しているのであって、権限の範囲を規定しているのではない。[62] 以上のことから国民イニシアティブにかんして明らかとなるのは、国民立法手続きでは任意の案件が扱われるのではなく、実質的意味の法律のみが対象とされなければならないということである。[63] それゆえ、ワイマール憲法七三条三項が言うところの完成した法律案とは、個別的命令、措置、指図などとは異なり、一般的な法規則の定立である。X氏に恩赦を与えたり、あるいはラントのY氏に命令したりすることを目的として、イニシアティブを開始することはできない。これらは実質的意味の法律ではなく、ワイマール憲法七三条三項が意図するところの法律案でもない。憲法自身が明文で例外を予定し、立法行為以外のものに法律の形式を指示しているのであれば、そのかぎりにおいてのみ、そのことが国民発案の法律案にもあてはまる。だが、予算案《ハウスハルツプラン》の確定やその他の予算法上の諸法律《ビュジェーレヒトリッヘ・ゲゼッツェ》のような例外は同条四項によって上記の例外から再び排除されているのであり、このことは特別の意義を有している。

4……主権的行為としての国民立法手続き

これまで述べてきたことから、法律イニシアティブによって開始され、国民票決によって終結する国民立法手続きとその他の国民票決の事案との対立が鮮明になる。たしかに国民票決は、内容的には多くの場合、立法行為であり、典型的なレファレンダムにあっては〔立法府によってなされた〕法律の議決を承認または否認することである。ワイマール憲法は立法にかんする章〔第五章「ライヒの立法」〕で国民票決を扱っているが、これは正当である。国民立法手続きを終了させる国民票決はただちに論ずべき特殊事例だが、しかしながらこの特殊事例を別にしても、国民票決はたんに正規の立法機関の立法手続きに参与すること以上の独特の意義を有している。国民票決は他の手続きから独立した承認行為《ザンクツィオーンスアクト》であり、正規の立法機関、すなわち（とりわけ国民によって選定された）官吏の抱える見解の相違に対して国民が下す主権的決断である。秘密個別投票で一票を投じる国民それ自体はけっして官庁ではないし、あるいは通常の権限内で法律を公布する国家「機関」でもない。国民は主権的行為《ズヴェレニテーツアクト》を企てているのであり、この主権的行為そのものはつねに決断的性格を有し、例外とかかわっている。[64] ワイマール憲法起草委員会でのある発言によれば、そもそも国民投票は「最後の手段」にすぎない。[65] したがって、この場合にライヒ議会およびその立法「機関」と同様の意味において国民は立法権限を有していると言ってみても、意味はないだろう。これが誤っているのは、国民は――国民立法手続きを別とすれば――ただ紛争の事案においてのみ決断を下すからである。また、国民は国民票決では主権者であると簡単に言い切ることもできない。なぜなら、国民は官吏の指図に基づいて憲法の枠内でだけ活動するのであって、主権に属するような自己の自由裁量というものによって行動するのではないからである。しばしば「国民への訴え」ということが言われるにもかかわらず、国民は裁判所のように訴えを受けるわけでもない。[▽66] したがって、国民は国民票決においては立法者として決断を下しているが、同時に国民は、立法に参画する最上級諸機関で起こるもろもろの紛争を決するために最高かつ最終の審級として決断を下している。国民はあらかじめ手続き上具体的な立法手続きに縛られるということなしに、外部から召喚されて介入するかたちで、決断を下す。

国民発案に基づく国民票決の場合、すなわち国民立法手続きの場合には、国民は完全に異なった振る舞いをする。憲法イニシアティブのケースはここではわきに置いておかなければならない。なぜなら、このケースは「憲法制定権力＝構成的権力（*pouvoir constituant*）」という特別の観念とかかわるからである。憲法制定権力は民主制的憲法においてはつねに他の「権力（*pouvoirs*）」から区別されなければならない。だが国民立法手続きでは、国民票決は立法手続きの完了であり、その特殊性は次の点にある。国民立法手続きは官吏による正規の権限と並行して進められ、正規の立法の側が〔発案者たちの法律案に〕変更を加えることなく〔これを〕受け入れればこの手続きは当然に終了するものの、官吏が発案者たちに屈しなければ、国民立法手続きはさらに進められる。純粋な（つまり、古典的な）民主制の概念にとって、この手続きは完全に特異なものである。なぜなら、国民は官吏を選定しておきながら、官吏に信任を与えず、彼らと競合しつつ自ら国務を処理しようとしているからである。国民は最後の決定〔権〕を自らのもとに留保しているが、官吏という意味での通常の権限の担い手になるわけではない。とりわけイニシアティブのような機能——これは典型的には官吏の業務である——を、こうした理解に従って国民が行使することは不可能だろう。すでに言及したように、実定憲法の規定に基づいてイニシアティブを行使する国民は、完全にある特別な意味においてのみ国民と呼ぶことができる。それは、発案者たちは官庁ではないし、官職でもないからということにすぎない。とすれば、発案者たちがまさに法律イニシアティブ、すなわち典型的には官吏に属する機能を引き受けるということは、ますますもって奇妙なものになる。〔国民立法手続きの〕特異性はもちろん政治と経済、国家と地方自治体、統治（政府）と自治とが互いに区別されるかぎりにおいてのみ成立する。なぜなら、こうした区別によって、政治的統一を代表＝表象するという官吏特有の性質も失われ、彼らの活動はすべて区別なき事務処理へと解消されてしまうからである。

＊　＊　＊

5……国民と官吏、そしてアナーキズム

政治理論にとっては、さらに以下のことに注意すべきである。

直接民主制の究極の問いは、官吏なくして国家の組織化は可能かということにかかわる。これまでの歴史的経験によれば、政治的生活を共にする諸国家では、官吏は必要不可欠である。いかなる試みであれ、官吏を排除しようとすれば、国民＝人民＝民衆（Volk）▼54自身が官吏へと変容し、こうしてまさに民衆らしさが失われてしまうか、あるいは国家の消滅という無政府主義的理想が実現されてしまうかのいずれかだからである。民主制が直接性を断念することなくして、民主制の直接性は組織化されない。あらゆる権能を持ち合わせ、その意思表明を行う国民というものが秘密個別投票の方法で余すところなく管轄システムというかたちで形式化されるのであれば、国民は国民でなくなり、自らのための＝みずからの上に立つ（über sich selbst）▼55官吏になってしまうだろう。これは矛盾である。この点に直接民主制または純粋民主制すべての当然の限界がある。というのは、余すところなく形式化された国民＝民衆というものはその生き生きとした偉大さと力を失い、全国民が有する最も自然で放棄しがたい権利、すなわち喝采が国民から取り除かれ解体され《ヴェックオルガニジアト》てしまうからである。しかしながら政治的・社会的

現実において、国民が政治的に実存しているかぎり、すべての国民はその形式的な権限を拡張していくにもかかわらず、つねに本質的にはそのような個別投票を超越した偉大さとして存在している。その結果、ここでは数的少数派がもっぱら政治的に無気力で関心のない多数派に対して真の政治的意思をもつのであれば、少数派が国民として振る舞い、世論を支配することが可能である。まさに法的に組織化されないことが少数派を有利にし、少数派に直接的に国民を名乗り、その意思を国民の意思と同一化（視）する政治的な可能性が与えられるのである。歴史的経験が教えているように、あとで投票を実施した場合、少数派が世論および投票における意思なき多数である大衆を獲得できるかもしれないということは、たんなる形式的な問題にすぎない。誰がこの意味において国民であるかということは、憲法では一義的に確定できない。この文脈での国民とは、異論の余地なく国民として振る舞い、具体的に、すなわち政治的・社会的現実において国民として行動するのは誰であるかについて自ら決定できる群衆すべてである。

　近代の直接民主制の方法は——保守的あるいは君主制を支持する反対者を度外視すれば——完全に相異なる二つの政治的立場からとりわけ攻撃を受けている。ひとつは、急進的アナーキストであり、彼らのなかでも最も偉大なのが特にバクーニン[▼56]である。急進的アナーキストたちはレファレンダムを国民意思の偽造品と呼んでいる。[▽67]彼らのモティーフはあらゆるたぐいの官吏に対するアナーキスト的憎悪であり、国民（民衆）の力への素朴で生き生きとした信頼である。もっとも、国民（民衆）の力は現代の登録手続きによって破壊されているけれども。もうひとつはイギリスの民主主義者および自由主義者たちであり、彼らは直接民主制の方法に民主制の進歩を脅かすもの、そうまさに反動的な方向転換を見ている。アングロサクソン世界では、直接民主制の評価において奇妙な矛盾が観察されてきた。合衆国では直接民主制の方法が無限に拡張されることによって千年王国が期待されているが、[68]これに対してイギリスの民主主義者たちは直接民主制の方法に対してかなり懐疑的である。なぜなら、保守主義者たちが急進化に対抗する手段をそこに見出しているからである。ローウェルがこの対立を立証したものの、彼はそれほど説明を加えていない。[69]この対立がこんにちなお同様の単純なかたちで存在しているかについては、私にはかなり疑わしく思える。しかしこの対立が存在するかぎり、この対立の説明は議会主義的自由主義と現在の大衆民主主義との対立に依拠することになろう。[70]直接民主制の方法はしばしば議会主義を修正するための手段として推奨されてきた。[71]しかし、修正を施すことですぐさま衝突が生じた。このことはフランスとベルギーですぐに感じ取れた。[72]ドイツでは君主制に対する共闘ゆえにさしあたりこの対立が目につかないままであった。しかし、共通の敵を排除したのちはもはやこの対立を無視することはできなくなり、ワイマール国民会議ではこの対立がすでに鮮明になった。紛争の裁定《エントシャイドゥング》を超える一切の国民投票にかんしてフーゴー・プロイスがとりわけ恐れたのはドイツでいまだ未熟な議会制システムが脅かされることであり、彼はまさに古典的な発言によって以下のような警告を憲法委員会で投げかけた。「もしあなた方がこの議会制システムを超えて直接民主制というダモクレスの剣[▼57]に寄りかかるのであれば、あなた方はその効力（すなわち、議会制システムの教育方法の効力）を無駄にしてしまいますよ」[▽73]。国民票決がその名のとおりのことを意味するものであるかぎり、すなわち国民票決が正規の国家諸機関によって提示された見解の相違を裁定《エントシャイドゥング》することであるとするかぎり、国民票決が実際には議会制システムを破棄することはない。これに対して、国民立法手続き——議会による正規の立法と併存する正規外の立法手続きにかんして、その開始を目的とする国民イニシアティブ——の導入はこうした危険な作用を有している。

6……自由主義vs.民主主義

自由主義と民主主義の分裂は影響が大きいが、その分裂が最も強く示される領域が財政の領域である。この概念は文学における近代民主制の父、ルソーをかなり悩ませた。『社会契約論』では直接民主制がいたるところで賛美されているにもかかわらず、直接民主制の当然の限界についてある明白な感情が示されている。国民は主権者として立法〔の領域〕に制限されている。

より正確に言えば、国民は厳密に統治（政府）と行政から区別されるところの実質的意味の立法に限定されているのであり、とりわけそこでは個別の対象（*objet individuel*）とはかかわらない（第二巻第六章）。特に財政問題は民主制には含まれない。財政は民主制を脅かすものである。「財政という語は奴隷の言語（*mot d'esclave*）▽[74]であり、「古代の」都市国家では知られていなかったものだ▼[58]」。それゆえ、ルソーによれば、民主的国家において存在するのは単純でまさに質素な諸関係だけであり、とりわけ財産などは存在しないし、貧者と富者の対立もない――これはルソーに典型的に見られる牧歌的太古への回帰だが、それにもかかわらず、このことによって民主制が経済的なもの、財政的なものによって脅かされるという危惧への政治的直観が示されている。

政治的概念の地位に経済的カテゴリーが進出し、マルクス主義の階級概念と結びついた経済的諸対立が民主制的同質性を危うくするやいなや、「財政」にかんするすべての観念、すなわち国家の歳入と歳出の正しい関係と配分が変容する。公課を負担する者が課税をも承認し、税の使用をコントロールしなければならないということは、歴史的根底において一部は身分制的な、一部は自由な市民的なありきたりの確信と合致する。こうした確信から、現代の予算法《ビュジェーレヒト》が発展してきた。かつての「国民」代表とは公課を負担し納税する一部の国民の代表者であり、国民代表が公課にかんして承認したことは彼らに委託した者たち〔、つまり公課を負担し納税する一部の国民〉自身が実行することになる。そのことによって、人びとによって信じられてきた、公課負担と国民代表との堅固なつながりが与えられたのである。有名なリベラルな命題「代表なければ課税なし」は、それが逆にも妥当する場合にのみ意味を有する。現代の産業国家の大衆民主主義では、以上のような単純な連関および責任のあり方はもはや維持できない。「国民」、すなわち公課法《アプガーベンゲゼッツ》を採択した多数派は、否決に投じた少数派にも公課および社会負担を命じる。ともあれ、陳腐な言い方だが、公課というものは当然、「自分の財布から」しか承諾できない[75]という古い観念とは本質的に異なっている。したがって、現代の状況が不公正とされる必要はないし、さしあたりほぼ変更を加えることはできないだろう。なぜなら、こうした分かりやすい経済的な責任の負わせ方への信念さえも破壊されており、「自分の財布」という概念はその身分制的あるいは個人主義的な単純さを失ってしまったからである。現代の民主制について語るときには、こうした激しい変容が意識されなければならない。

　というのも、ここでもまた、租税と公課を「可決」した多数派の投票者たちである「国民」と、経済的現実においてその租税と公課を実際に担うところの「国民」とは、もはや同じ大きさであることが明らかではないからである。ここでも「国民 Volk」という語はその底知れぬ多義性を露わにしている。財政の案件がどの程度直接民主制の方法に適しているかという問いに対しては、奇妙なほどにはっきりしていないというのが結論である。このことはワイマール憲法委員会の審議においても示されていた（議事録三一二頁）。例えば、委員であるクヴァルク博士は、広範な課税行為から一部を抜き取り、それを国民投票に委ねることは「好ましくない」と思った。それから彼は次のように付け加えた。「私はさらに進んで、国民投票は財政問題では得策ではないとさえ考えている。他面で、予算法《ビュジェーレヒト》が民主制のきわめて重要な法であることに注意しなければならない」。この「他面で」という特徴的な表現には、議会制と直接民主制との完全なる混乱が含まれている。これを嘲笑する理由は何もない。なぜならこの〈議会制と直接民主制との〉分裂は大きな変容の影にすぎないからである。この変容は伝来の形式と制度の背後で起こり、秘密個別投票に基づく現代の大衆民主主義の国家すべてに「財政」という完全に新たな問題を突きつけている。ルソーの不吉な前兆にみちた奴隷の言語（*mot d'esclave*）は新たな姿を現しているが、こんにちもはや小さな共同性を称賛しつつ、彼のことばが呼び起こされることはないだろう。

原注

▽1　ワイマール国民会議の憲法委員会においてシュルツ＝ブロンベルク議員は、次のように述べている。「レファレンダムは二通りの仕方で現れる。すなわち、承認決定としてのレファレンダムとイニシアティブ発案としてのレファレンダムである」（Protokolle, Drucksachen, Nr. 391, S.165)。アンシュッツもまた国民発案をレファレンダムに数え入れており、国民票決を「狭義のレファレンダム」と呼んでいる（Anschütz, Kommentar, 3/4. Auflage S.223)。

▽2　この区別については、Signorel, Le Réreferendum, législatif, Toulouser These, 1893, S.108ff. したがって、イニシアティブの事案は法律以前（ante legem）のレファレンダムである。

▽3　Protokolle, S.166. 詳細は本書第三章を参照せよ。

▽4　Protokolle, S.308.

▽5　インホッフェン（Inhoffen, Die Volksinisiative in den modernen Staatsverfassungen, M.-Gladbach, Staatsbürger-Bibliothek, 1922, S.9）によれば、国民イニシアティブはその本質からして国民へのイニシアティブであるという。なぜなら、「発案者たちは国民の意思を究明するために、その発案にかんして国民投票を要求する」からである。

▽6　ハチェック（Hatschek, Deutsches und Preußisches Staatsrecht, Bd.I, 1922, 279）はこの相違をそのように定式化している。すなわち、そうした（国民発案に基づいて行われる国民票決の）事案において、国民票決はたんなる法律の承認《ザンクツィオーン》ではなく……立法行為そのものなのである。

▽7　Hatschek, a. a. O., S.9.〔原注6参照〕

▽8　Bredt, Der Geist der deutschen Reichsverfassung（1924）, S.257.

▽9　Fetzer, Das Referendum im deutschen Staatsrecht, 1923, S.42. 同じく、Stier-Somlo, Reichs- und

Landesstaatsrecht, I, 1924, S.529/530. Poetzsch, JöR〔= Jahrbuch des öffentlichen Rechts der Gegenwart〕XIII（1925）S.229.

▽10 ただしトリーペル（Triepel, AöR〔= Archiv des öffentlichen Rechts〕39, S.495）は（同じ箇所で）この国民票決に議会の議決に対する決断機能をあてがっているが、私見では誤りである。

▽11 Triepel, AöR 39, S.495; Anschütz, Kommentar S.225. 252; Hatschek, a. a. O., S.285; Bredt, a. a. O. S.257; Stier-Somlo, I, S.534; Fetzer, S.41; Fritz, Verwaltungs-Arch.29（1922）, S.348; Braun, AöR NF.6, S.75/76.

▽12 Hatschek, Staatsrecht I. S.280. 同じく、Stier-Somlo, I, S.533.

▽13 Triepel, AöR 39, S.520, 521.

▽14 Fetzer, S.49/50; Wittmazer, Die Weimarer Verfassung 1922, S.435/36.

▽15 議員のカイル（Protokolle, S.294/96）、コッホ（S.308）、クヴァルク（S.312）は国民投票、デルブリュック（S.311）とライヒ財務省代表のゼーミッシュ（S.294）はレファレンダムと述べている。

▽16 この法律案はヴォルフ通信社（Wolffs Telegraphisches Bureau）が裏付けを取り、一九二六年四月二二日、報道機関で公表された。ミューゲル（Mügel, „Das Volksbegehren zur Aufwertung“ DJZ〔= Deutsche Juristen-Zeitung〕1926, S.693, 998）、ベスト（Best, DJZ 1926, S.995）の論文を参照せよ。

▽17 DJZ vom 15. Juni 1926, S.845.

▽18 一九二六年八月一八日にヴォルフ通信社が伝えた報道を参照せよ。

▽19 トリーペルは前掲論文（S.848）〔原注17参照〕で、自己の論文（AöR 39, S.507）、ヴィトマイヤー、フェッツァーを参照指示している。しかしヴィトマイヤー（Wittmayer, Weimarer Verfassung S.433）はトリーペルの論文（AöR 39）のみを指示し、もっぱら次のように主張するためだけに注119に言及している。すなわち、〔ワイマール憲法〕八七条による公債および保証の諸法律（Anleihe- und Garantiegesetze）は七三条四項には該当しないと。他方、当該規定の根拠として彼は「国家財政のシステム全体との連関」を挙げてい

るが、本来これによれば完全に別の解釈になるはずである（ちなみにこれと類似するのが、Stier-Somlo I, S.534)。フェッツァー（Fetzer a. a. O., S.40）〔原注9参照〕は「国債発行の要求も可能というのだろうか」と一文で述べている。それ以降の頁で彼は、国民発案から排除される「財政法律（Finanzgesetezen）」について語っている。ハチェック（Hatschek, Staatsrecht I. S.285）はワイマール憲法七三条四項とプロイセン憲法六条三項の文言を厳密には区別しておらず、どうやら両者をごっちゃにしているらしい。ギーゼのワイマール憲法のコンメンタール（Giese, 7. Aufl. S.218/19）はあまり根拠づけることなく「財政問題（Finanzfrage)」について語っている。アンシュッツ（Anschütz）のコンメンタールはこれまでのところ、この問題を論じていない。

▽20　一九二〇年のプロイセン憲法六条三項にかんして、第一・第二・第三読会の委員会決議は、財政問題という語を変更することなく同項に組み込んだ（草案三項C、Druckensachsen, Nr. 3120 DS. 5436/7)。語の意味については以下を参照せよ。Rudolf Huber, Die Verfassung des Freistaates Preußen (Kommentar 1921) S.29/30.

▽21　予算にかんしては「検査」を行うのみだが、課税承認権はラント議会が有している諸州（バイエルン、ヴュルテンベルク、ザクセン）において、「財政法律（Finanzgesetz）」という表現には特別の意味があった。プロイセン州法およびライヒ国法にはこのような特別の意味はない。特にバイエルンについては以下を参照せよ。Seydel, Bayrisches Staatsrecht, 2. Aufl. II, S.541ff., 547, 559, 581. さらに、Otto Mayer, Staatsrecht des Königreichs Sachsen (1909), S.204.

▽22　Vgl. Ludwig Dümmler, Über Finanzgesetzentwürfe (1894), S.35. ラント議会が課税承認権を有する諸州（バイエルン、ヴュルテンベルク、ザクセンなど）では、財政法律という語は特別の意味を有していたが、ここではこれを無視することができる。このような意味において、この語はライヒ憲法にとって問題にならない。

▽23　Esmein-Nézard, Elements de droit constitutionnel, 7. Aufl.（1921）II, S.417.

▽24　Otto Mayer, Staatsrecht des Königreichs Sachsen（1909）, S.206. ——「全体案（Gesamtplan）」という本質的な特徴については誰も反論していない。別の問いはこうである。以上のことから予算法律は法規（Rechtssatz）を含んでおり、それゆえ実質的意味の法律であるという推論を——（ラーバントに反対して）ヘーネルに賛同しつつ——行うか否かである。Vgl. Haenel, Studien［zum Deutschen Staatsrechte］II, 2（Das Gesetz im formellen und materiellen Sinne）1888, S.327.

▽25　Seydel, Bayrisches. Staatsrecht, Bd. 2. Aufl. II, S.541（国務大臣ライデン伯爵の発言）、S.559（ローテンハン男爵の発言）。とりわけフリッカーの次の表現は的確である（C. V. Fricker, Grundriß des Staatsrechts des Königreichs Sachsen（1891）, S.227）。「等族の権利は実際には予算同意権である。実際のところ、等族は予算全体についてまるごと審議し、決議するのである」。

▽26　Erskine May, Parliamentary Practice, 13. Aufl.（1924）, S.504, 435, 574, さらに The Constitutional History of England, Bd. III（1912）, S.343ff. Anson, The Law and Custom of Constitution, Bd. I, 5. Aufl., 1925, S.281. 前史の詳細な記述は、A. Mendelssohn-Bartholdy, Jahrb. des öffentl. Rechts VI（1912）, S.404ff.; さらに G. Jèze, Revue de Science et de Législation financières, IX（1911）, S.587ff.; Sibert, Revue de droit public（1912）, Bd.29, S.95ff.; Hatschek, Das Staatsrecht des Vereinigten Königreichs von Großbritannien und Irland, 1914, S.73ff.; 課税承認権から予算法律への展開を記述するのが、The System of Financial Administration of Great Britain, a report by William F. Willoughby, Westel W. Willoughby, Samuel McCane Lindsay（1922）, S.28.

▽27　Erskine May, a. a. O., Lawrence Lowell, Government of England, Kap.21; J. Redlich, Recht und Technik des englischen Parlamentarismus, 1905, S.76ff.; Hatschek, a. a. O., S.68.

▽28　すでに一七八九年六三条の草案（Bericht Lally Tollendal A. P. VIII, S.526）において、（イギリスを模範

にしつつ）次のように述べられている。「税金およびその分配または公債にかんするいかなる法律も決して上院で生み出すことはできないだろう（Aucune loi relative aux subsides, à leur repartition ou aux emprunts ne pourra jamais naître dans le Sénat)」（しかし一七九一年憲法は一院制を採用していた）。そのほか、一八七五年までのフランスの展開にとって参照すべきは以下のとおりである。共和暦三年（一七九五年）憲法第一一章三〇二条・三一二条・三一四条、一八一五年四月二二日の付加法三六条、一八一五年憲法草案四九条、一八七〇年の憲法律一二条。

▽29　一九一九年三月二八日の憲法委員会第一七会議、六〇頁。さらに、P. E. Braun, Die Ausgabeninitiative des Parlaments und ihre Entwicklung und Geltung, AöR. NF. 6 (1924),（ライヒについては）S.48ff.,（プロイセンについては）S.55.

▽30　Traité de droit constitutionel, 2. Aufl., Bd. IV, 1924, S.313ff.; テキストで言及した発言については、S.316.; Esmein-Nézard, a. a. O., S.428, Anm.415.

▽31　Braun, a. a. O., S.79ff. 同書はこれらを三つのタイプに還元している。ひとつは州内閣の同意なしに公課を増額できないこと（アンハルト＝リッペ、シャウムブルク＝リッペ、メクレンブルク＝シュヴェリーン）、ふたつめは第三の州機関の同意なしに増額できないこと（プロイセンでは州参議院、ブレーメンでは財務委員会）、最後は、政府による新たな審議の請求権（バイエルン、ザクセン、テュービンゲン、ヴュルテンベルク）。

▽32　一九二六年四月二八日、ハンブルクでの「エーアバール・カウフマン商工会（Versammlung Eines Ehrbaren Kaufmanns)」の決議のように。この決議はライヒ政府の同意かライヒ議会の三分の二の多数を要求するものである。Vgl. Bericht der Handelskammer Hamburg, 1926, S.47.

▽33　この実践については、Erskine May, Parliamentary Practice, S.522, Jèze, Le Budget, S.175; Mendelssohn-Bartholdy, a. a. O., S.428; Hatschek, a. a. O., S.74.

▽34　Dümmler, a. a. O., S.42; また別の文献については Arndt, Kommentar（5. Aufl.）S.246; プロイセン憲法六条三項と類似の問題については R. Huber. a. a. O., S.30.

▽35　その定義は次のように述べている（Parliament Act 1911, I. u. 2. Geo. V. c. 13）。「金銭法案（Money Bill）は公共関係法案（Public Bill）であり、下院議長の見解によればそこに含まれるのは以下に掲げる項目のすべてあるいはいくつかと関係する条項だけである。すなわちその項目とは、税の賦課、廃止、軽減、変更、規制である。債務の弁済、もしくはその他の財政上の目的のため、整理公債基金あるいは議会によって創設された資金に課される賦課、あるいはそうした費用の変更ないし廃止。予算。債務の認可、受領、管理、発行、決算あるいはそれらの償還。これらの項目もしくはそのうちのいくつかに付随する下位の問題。この細別において『課税（taxation）』『公金（public money）』『公債（loan）』にはそれぞれ、地方のために地方官庁あるいは地方公共団体によって提案された課税、公金、公債は含まれない」。

▽36　金銭法案（Money Bill）の法的定義については Erskine May, a. a. O., S.435. Anm. ダイシー（Dicey）によると、議長がその裁量によって金銭法律であると表明すれば、すべての法律は金銭法律なのである（vgl. Jèze, a. a. O., S.596）。メンデルスゾーン＝バルトルディは寛大にも「イギリスの立法技術がほとんど発展していないこと」を考慮に入れている（Mendelssohn-Bartholdy, a. a. O., S.437）。実際、この法的定義では無力な規範性に対する政治的意義の優位が示されている。

▽37　ブラウン（Braun, a. a. O. S.76, Anm. 79）はライヒ議会の決定権（Entscheidungsrecht）を想定しているように思われる。しかしこのライヒ議会の決定権は、許可する方向でライヒ政府がその決定権を行使した場合に初めて有効であるし、許可申請がライヒ政府によって拒否された場合には、もはやライヒ議会の決定権は存在しない。

▽38　フライナーはスイス国法に対して、連邦で導入すべき法律イニシアティブにかんして、国民イニシアティブ発案（Volksintiativbegehren）の内容が連邦憲法と合致するか否かは連邦裁判所に決定させるべきであ

る、と次のような提案を行っている（Fleiner, Schweizerisches Bundesstaatsrecht, 1922, S.298, Anm. 40）。当然のことながら、こうした問いは、裁判所によって決定される方が適しい。

▽39　Walter Lippmann, *The Phantom Public*, New York 1925（ウォルター・リップマン『幻の公衆』河崎吉紀訳、柏書房、二〇〇七年）。〔民主制の〕限界づけの必要性については、オストロゴルスキ（Ostrogorski）によっても次のように述べられていた。「それ〔民主制〕が現実的であるためには、それゆえ、人民に対する直接的な責任が……公的権能に関して適切に限定された特定の権限のみにかかわるものであることが必要となる」。とりわけオストロゴルスキは立法と地方自治に限定することを要求している（Bd. II, S.572 der französischen Ausgabe von 1903）。

▽40　Mommsen, Römisches Staatsrecht I, S.76ff., III, I, S.303, Abriß S.81f. グリム辞典ではマイスナー（R. Meißner）が「国民（Volk）」という卓抜した項目を執筆しているが、そこにおいても次のように述べられている。たとえ〔国民について〕同一の定義を用いることができないとしても、依然として以下のように理解すべきである。国民は官庁のように組織されたり、「編成」されたりすることのない大きなまとまりであり、「役所」ではない。それゆえ、統治する側の人びとが国民に属することはないのである。

▽41　Εἰς Θεός, epigraphische, formgeschichtliche und religionsgeschichtliche Untersuchung, Göttingen 1926, S.141ff.

▽42　Mommsen, Römisches Staatsrecht, III, S.312, とりわけ、法律（lex）が官僚のイニシアティブ（Abriß S.304）に依存していることについては、III, 1, S.304.〔法律の〕発案（Rogatio）の正確な定式は以下のとおりである。汝ラガ欲シ、命ジル云々……我ハ汝ラ羅馬人タチニ〔法律ヲ〕提案スル（velitis iubeatis etc. … vos quirites rogo）。〔原著では inbeatis と綴られているが、おそらく iubeatis の誤りと思われる。田中秀央・落合太郎『新増補版 ギリシア・ラテン引用語辞典』（岩波書店、一九六三年）八〇七頁、柴田光蔵『法律ラテン語辞典』（日本評論社、一九八五年）三六三頁参照〕

▽43　Lawrence Lowell, Public opinion and popular government（Ausgabe von 1921, S.91）; Walter Lippmann, a. a. O. S.52ff.

▽44　L. Lowell, a. a. O.〔原注43参照〕では「人民は自分たちに提示された限定的な問いに対して、イエスかノーを言いうるのみである」。W. Lippmann, a. a. O. S.52〔原注39参照〕では「人びとはなされたことや提案された何かにイエスやノーを言うことはできるが、創造したり、執行したり、思っていることを実行に移すことはできない」。〔邦訳、三七頁〕

▽45　ヘンリー・メイン（H. Sumner Maine, Popular Government, Kap. II）に啓発的な例がある。それ以外の点ではこの保守的な著者が抱くペシミズムに共感できないとしても、この例が有する啓発性は認めることができるだろう。その例とはこうである。ルイ・ナポレオン・ボナパルトは、広範な全権を有する終身の大統領になるべきであろうか。彼は世襲の皇帝になるべきであろうか等々。これらは容易な問いではなく、かなり複雑な問いである。

▽46　プロイス個人にとっては、彼の態度表明を支えた本当の理由は、結局のところ、彼のなかでは自由主義的な動機が民主主義的な動機よりも強かった、ということだろう。本稿のこれ以降の議論を参照。

▽47　本書二六頁以下を参照せよ。

▽48　Fleiner, a. a. O., S.293ff; Schollenberger, Das schweizerische öffentliche Recht（1909）, S.110, 111, 124; Albert Keller, Das Volksinitiativrecht nach den schweiz. Kantonsverfassungen, Zürcher Diss. 1889, S.110. insbes, S.111 Anm. 2.; E. Klaus, Die Frage der Volksinitiative in der Bundesgesetzgebung, Zürcher Diss. 1906, S. 49（der Volksinitiative zu entziehende Gegenstände）.

▽49　Vgl. Annals of the American Academy, Bd.43, 1912, S.208/209.

▽50　Annals, a. a. O., S.208.

▽51　Public opinion. S.221/2.（スイスにおける反ユダヤ主義の例）

▽52 現代の民主制についてジェームズ・ブライス（James Bryce）の著作集第三巻第八章が例として挙げられよう。

▽53 Bredt, a. a. O., S.208.〔原注8参照〕「この規定（ワイマール憲法七三条四項）によって、関心の対象が当然に権力と衝突するようなもろもろの問いは国民発案から取り除かれるだろう。しかし似たような根拠からして、ライヒ大統領が自らの権限を行使しようとするのを是認することは難しいだろう」。

▽54 特徴的なのは、例えば（バイエルン憲法七七条〔訳注17参照〕について述べた）ハンス・ナヴィアスキー『バイエルン憲法』二六〇頁（Hans Nawiasky, Bayerisches Verfassungsrecht）である。それによれば、「容易に理解できる種々の根拠からして、財政法律（課税の可決）および公課法律は国民投票には適していない」。

▽55 「たいていの場合、大衆の絆を引き裂くのはレファレンダムではなく、イニシアティブである。なぜなら、健全な立法という点において、イニシアティブは立法議会に比べると市民に提供するものが少ないからである」。これについては以下を参照せよ。W. Hasbach, Die moderne Demokratie, 2. Aufl. 1921, S.150ff.

▽56 オーバーホルツァー（Ellis Paxson Oberholtzer）の以下の著作には財政レファレンダムの豊富な事例が見られる。Law making by popular vote（Publications of the American Academy of political and social science）Philadelphia, 1893 および The Referendum in America（2. Aufl. New York 1900）. スイスにおける財政レファレンダムに関する文献として以下を参照。Fleiner, a. a. O.〔原注38参照〕, S.295, Anm.26, 405, Anm.10.

▽57 Prtokolle, S.166; 17. Sitzung des Verfassungsausschusses vom 28. März 1919（一九一九年三月二九日の憲法委員会第一七会議）, S.6, 15.

▽58 しかしながら、スイスにとってさえフライナー（Fleiner, a. a. O.〔原注38参照〕, S.297）が強調しているように、連邦は「州《カントン》よりも民主的ではない」。「なぜなら、純粋民主制はその最も顕著な形態では小規模の関

係性と結びついているからである」。

▽59　財政レファレンダムを引き合いに出すことはワイマール憲法七三条四項の解釈にとって誤っているが、残念なことにトリーペル（Triepel, DJZ. 1926, S.846）もまたこの指摘を行っている。

▽60　デモクラシーのこの定義にかんして以下を参照。Carl Schmitt, Politische Theologie, 1922, S.44, 45〔カール・シュミット『政治神学』田中浩・原田武雄訳、未來社、一九七一年、六五、六六頁〕, Die geistesgeschichtliche Lage des heutigen Parlamentarismus, 2. Aufl., S.20, 35〔同『現代議会主義の精神史的地位〔新装版〕』稲葉素之訳、みすず書房、二〇一三年、二三頁、三七頁〕, Archiv für Sozialwissenschaften, Bd.51（1924), S.8, 22. これに反対するのが、Thoma, Archiv für Sozialwissenschaften, Bd.53, S.212f.（1925).

▽61　メルクル（A. Merkl, Demokratie und Verwaltung, 1923, S.43）の誤解はきわめて特徴的である。フライナー（Fleiner, a. a. O.〔原注38参照〕, S.18/19）は次のように述べている。国家と地方自治体の対立はフランスとドイツでは特徴的だが、スイスでは成り立たないと。

▽62　難点は次の点にある。実質的法律概念はしばしばその内容に基づいて実質的に定義されるのではなく、誰がそれを生み出したかによって定義されている。とりわけラーバントとの論争におけるヘーネル（Haenel, Studien zum deutschen Staatsrecht, II, 1, 1888, S.120）の立場がそうである。ヘーネルによれば、法律は法共同体の参与者全員の「承認」――その承認がどのように把握ないし承認されるのであれ――に基づくものである。したがって、国民が承認するものが法律である。この見解において誤っているのは、法的現象の根拠（*fundamentum*）（私はJ・S・ミルのこの表現を意図的に使用している）を精神の出来事（国民（民族）の法意識、時間の倫理的直観など）のなかに見出そうとする典型的に自由主義的な心理主義的記述である。〔対して、〕次の命題は論じる価値があるかもしれない。国民が喝采を送る事柄はすべて法律である、なぜなら、喝采《アクラマティオー》は心理的な現象ではなく、政治的・国法的な現象だから。しかしこの命題が喝采については正しいとしても、個別投票に基づく、憲法上のルール化がなされた法律イニシアティブにこの命題が

あてはまるかは確実ではない。〔また、〕次のように述べることが誤りであることは自明だろう。法律とは国民発案によって開始された一切のものであると。いわゆる形式的法律の多くの定義と同様に、この定義が論理的には価値のないものではないとしても、そうである。

▽63　アルバート・ケラー（Albert Keller, a. a. O., S.116〔原注48参照〕）は的確である。「それゆえ、発案者たちの思いのままに何かしらの対象を、代表を通じて法律もしくは決定の形式にしてもらったり、あるいは発案者自らそのようにすること、こうしたことを発案者たちに委ねたままにしておくことはできない。立法権力の規定するにあたって憲法が前提としているものと同一の原理的な前提が、例外扱いされていないかぎり、発案者たちにもあてはまる」。さらに、以下を参照せよ。W. Burckhart, Zur Einführung der Gesetzesinitiative im Bund, Politisches Jahrbuch der Schweiz. Eidgenossenschaft, Bern 1912, S.373, E. Klaus, a. a. O., S.46ff.〔原注48参照〕

▽64　Politische Theologie, S.10.〔原注60参照〕（邦訳、一一頁）

▽65　このように述べるのが議員のクヴァルク博士（Quarck）である。Protokolle S.312.

▽66　とりわけ議会の解散の場合がそうである。ここ（ワイマール憲法二五条）でもまた、フーゴー・プロイスの見解は完全に「紛争」という観点によって支配されている。この点について以下を参照せよ。AöR, NF.（1925）, S.169.

▽67　とりわけ「新たな嘘」としてのスイスのレファレンダムについては、Oeuvres（Paris 1910）, II, S.34, 42.

▽68　ローウェル（L. Lowell）〔の著作〕の章題「直接的な立法は千年王国をもたらさない」を考慮に入れて、私は「千年王国（Tausendjähriges Reich）」という表現を用いている。

▽69　Public Opinion S.157, 324.〔原注43参照〕

▽70　ジェームズ・ブライスの大著において、この原理的側面はあまり強調されていない。これはJ・S・ミ

ルのような人の自由主義的な考え方によって貫徹されており、それゆえ——あらゆるしかるべき観点から見て——全体としてすでに時代遅れの印象を受ける。

▽71 ここでは特に法律イニシアティブの問題が興味深い。W. Burckhart, a. a. O., S.365ff.〔原注63参照〕

▽72 Signorel, a. a. O., S.147/48.〔原注2参照〕

▽73 Protokolle, S.309. クヴァルク議員は次のように考えていた（S.312）。国民投票は、「議会システムでさえもうまく行かない」場合の最終手段にすぎない。

▽74 第三巻第一五章。私は以前この語を引用したが（Parlamentarismus S.19〔原注60、邦訳、二〇頁以下〕）、それにかんしてカール・ブリンクマン（Carl Brinkmann）は、財政に対するこの熱狂において、一八世紀フランスの地方長官（Intendanten）に対する憎しみが露わになっていることに注意を促してくれた。この指摘はたしかに正しい。ルソーにおいて多くの場合、数多くの連想が共鳴し合っているのと同様である。だが、この箇所の客観的な内容は依然として認識可能である。ルソーによれば、民主制的自由は金銭が登場するや、終わりを迎える。「金を払っているがよい、やがては鉄鎖につながれることになるだろう（„Donnez de l'argent, et bientôt vous aurez des fers"）」（訳注58参照、邦訳、一八九－一九〇頁）。これは「奴隷の言語」の直前の一文である。

▽75 このことは地方議会における課税の「承諾」にのみあてはまるのではない。これは〈財政均衡の問題との関連でドイツの通貨の安定化を図ってきて以来〉ドイツでは一般に意識されてきたことである。ポピッツの記述（Popitz, Artikel Finanzausgleich, Handwörterbuch der Staatswissenschaft, Bd. III, S.1013）を参照せよ。彼によれば、「普通選挙権の結果、〈租税に〉承認を与える国民代表に対して強い影響を及ぼすのが、まさに高次の所得税段階に位置し、課徴金をつらく感じるに違いない人びとではなく、おそらくあまり資産のない国民層に属する人びとである、というのは稀なことではない」。この点にポピッツは自治と自己答責の思想の弱体化を見て取っている。さらに、ヘンゼル（A. Hensel, Gewerbesteuer und Finanzausgleich（Gutachten in der Veröffentlichung der Spitzenverbände der Wirtschaft, 1926), S.71）によれば、「比例代表（ワイマール憲法一七条二項）の諸原則を考慮して普通・平等・直接選挙の権利を導入したが、そのことはラントおよび地方自治体の議会における政治的力の本質的な移動とかかわりがある。それは次のことをもたらした。新たな公課の許可を決定した自治体の代表者の多数派はたしかに形式的にはこの公課の充足に対しても同時に気を配らなければならない立場にあるものの、この公課の充足に伴う負担がその財布に直撃することが実質的にはなかったのである」。似たような文脈に由来する提案、議会による公課イニシアティブついては、本書四四頁以下を参照。

を超えて」という意味もある。
▼56　バクーニン（1814 － 76)。ロシアの無政府主義の思想家・革命家。ドイツやフランスでも活動し、プルードンやマルクス等と交流を持つ。1868年に第一インターナショナルに加入し、70年にはパリ・コミューンの先駆けとなるリヨンの暴動にも加わる。
▼57　ダモクレスは紀元前のシラクサの僭主ディオニュシオスの廷臣とされる人物。あるとき、主人の宴に招かれて、頭上を見上げたとき、ディオニュシオスの頭上に細い糸で剣がつるされているのを見た。これから、羨ましいように見える僭主もつねに命を狙われる危ない立場にいることを悟ったという。この故事から、「ダモクレスの剣」という表現は、非常な危険と裏腹の幸福という意味合いで使われるようになった。
▼58　ルソー『社会契約論／ジュネーヴ草稿』中山元訳、光文社古典新訳文庫、2008年、190頁（[　] 内は訳者（中山氏）の補足)。

際の政務や軍事を執行した。独裁官、法務官、造営官、護民官、監察官など、専門分野別に異なった権限の政務官が存在した。任期は独裁官を除いて原則1年で、任期終了後、元老院議員になる資格を得る。

▼49 「指導者」を意味する〈Führer〉は、ヒトラーの称号。

▼50 Erik Peterson（1890 − 1960）。ドイツの神学者、キリスト教考古学者。シュトラスブルクなどで神学を学んだ後、1924年からボン大学で教会史と新約聖書担当の教授を務めるが、1930年にカトリックに改宗して、ローマに移住する。教会史と聖書研究を通しての終末論の再発見や、ナチス批判を通して、同時代のドイツやフランスの神学徒に大きな影響を与えた。シュミットとは友人関係にあったが、神学とのアナロジーで政治を捉えるシュミットの「政治神学」に異論を唱え、両者の間で論争になった。シュミットは『政治神学II』（1970）で、ペテルゾンが『政治的問題としての一神教』（1935）で提起した疑問に答えることを試みている。

▼51 協調政策（Verständigungspolitik）とは、ワイマール共和国の初期、SPD（社会民主党）、DDP（ドイツ民主党）、中央党の三党連立中道政権が採った外交政策。英国やフランス等の西欧諸国と協調することで、ヴェルサイユ条約の負の帰結を除去することに主眼を置く。それによって西側諸国との同盟関係に拘束されることも是とする。シュトレーゼマン外相が主導した。ヴェルサイユ条約を破棄してドイツの民族的独立性を保とうとする右派や、ソ連と協調しようとするKPD（ドイツ共産党）の掲げる路線と対立した。

▼52 アボット・ローレンス・ローウェル（1856 − 1943）。アメリカの教育者・法学者。1909年から33年までハーバード大学の学長を務め、学部教育の改善のためさまざまな改革を行う。第一次大戦中は、反ドイツ的な世論の圧力に抗して、大学の精神的独立性を維持した。

▼53 英語の〈Self-〉やドイツ語の〈Selbst-〉という形を取る造語は、「自己○○」と訳すことができるが、この「自己○○」には二通りの意味合いがある。「自ら〜する」という意味合いと、「自らに対して〜する」という意味合いである。シュミットはここで、〈Selbst-Verwaltung〉の〈Selbst-〉が前者の意味合いであるのに対し、〈Selbst-Regierung〉の〈Selbst-〉が後者の意味合いである、という意味論的な問題を指摘している。

▼54 この箇所でシュミットは、〈Volk〉というドイツ語が、政治的な意思を共有する集合体としての「人民」、あるいは、組織化されることなく、素朴に生きる「民衆」といった意味を含んでいることを意識して、この言葉を多義的に使っていると思われる。

▼55 ドイツ語の前置詞〈über〉には、英語の〈about〉に相当する「〜についての」という意味に加えて、〈over〉に相当する「〜の上に」あるいは「〜

▼41　1859年から66年にかけてのプロイセン王国における憲法解釈をめぐる紛争。1848年に制定されたプロイセンの憲法では、予算には議会の承認が必要とされていたが、否決された場合にどうするかの規定がなかった。軍備増強を目指した政府の予算案を自由派が多数を占める下院が否決したため、政府と議会の間で憲法解釈をめぐる紛争が頂点に達した。

▼42　原語は〈Verfassungsgesetz〉。第三共和政フランス憲法（1875年のフランス憲法）は単一の憲法典ではなく、憲法的な内容を持つ三つの法律（loi）から成り立っていた。ここではその法律を指して「憲法的法律」という表現が用いられている。

▼43　**1875年2月24日のフランスの憲法的法律第8条2項**（元老院の組織にかんする1875年2月24日の法律 Loi du 24 février 1875, relative l'organisation du Sénat）

第8条　元老院は、下院（Chambre des députés）とともに、法律の発議権および調整権（l'initiative et la confection des lois）を持つ。ただし、予算法律（loi de finances）は、まず第一に下院に提出されそこで議決されなければならない。

（中村義孝編訳『フランス憲法集成』法律文化社、2003年、168頁）

▼44　レオン・デュギー（1859 − 1928）。フランスの公法学者、ボルドー大学教授・法学部長。伝統的な法学における主権、権利、法人、民主主義などの概念を形而上学的な概念として退け、デュルケームやコントの影響を受けた「社会学的な実証主義」に基づいて、「社会連帯 la solidarité sociale」という事実に根ざした、「客観法 le droit objectif」に主眼を置く独自の法理論の体系を展開した。

▼45　付帯（tacking）とは、「特に英国で、成立のあやぶまれる議案を財政法案に付加し、貴族院に送り、修正を回避しようとすること」をいう（小山貞夫編『英米法律用語辞典』研究社、2011年、1102頁）。

▼46　プロイセン憲法（1850年）第62条については、訳注40参照。

▼47　**国民票決法**（1921年6月27日）

第30条　第27条から第29条までその前提条件が充足されているかは、ライヒ内務大臣が精査する。許可申請についてはライヒ内務大臣が決定を行う。

Gesetz über den Volksentscheid (Vom 27. Juni 1921)

§ 30. Der Reichsminister des Innern prüft, ob die Voraussetzungen der §§ 27 bis 29 erfüllt sind. Er entscheidet über den Antrag auf Zulassung.

［出典：Reichstags-Handbuch, II. Wahlperiode, Berlin, 1924, S.80ff.］

▼48　magisratus の原義は、古代ローマの政務官。民会によって選出され、実

は法案は、その使途の目的について同一会期中に総督の教書（この教書は当該提案を行った議院に送付される）による勧告がなされないかぎり、可決されない。

Commonwealth of Australia Constitution Act (9th July 1900)

56. (Recommendation of money votes.) A vote, resolution, or proposed law for the appropriation of revenue or moneys shall not be passed unless the purpose of the appropriation has in the same session been recommended by message of the Governor-General to the House in which the proposal originated.

［出典：http://www.verfassungen.net/au/verf00-i.htm］

▼38　**1814年6月4日のフランス憲法**（Carte constitutionnelle du 4 juin 1814）

第17条　法律案の提案（propsition des lois）は、国王の任意に、貴族院または代議院に提出される。ただし、租税法（loi de l'impôt）は先に代議院に提出されなければならない。

（中村義孝編訳『フランス憲法集成』法律文化社、2003年、126頁）

▼39　**ベルギー憲法**（1831年2月7日）

第27条①　提案権（イニシアティブ）は立法権の三部会のそれぞれに属する。

②　ただし、国家の収入もしくは支出、または軍隊にかんする法律は、まず最初に代議院〔下院〕で票決されなければならない。

Constitution de la Belgique (du 7 février 1831)

Article 27. [1] L'initiative appartient à chacune des trois branches du pouvoir législatif.

[2] Néanmoins toute loi relative aux recettes ou aux dépenses de l'État, ou au contingent de l'armée, doit d'abord être votée par la chambre des représentants.

［出典：Constitution de la Belgique, Bruxelles, 1831］

▼40　**プロイセン憲法**（1850年1月31日）

第62条③　財政法律案および国家予算案は、まず最初に第二院に提出される。国家予算案は第一院がこれを一括して可決または否決する。

Verfassungsurkunde für den Preußischen Staat erfassung des Freistaats Preußen (vom 31. Januar 1850)

Artikel 62. [3] Finanzgesetz-Entwürfe und Staatshaushalts-Etats werden zuerst der zweiten Kammer vorgelegt; letztere werden von der ersten Kammer im Ganzen angenommen oder abgelehnt.

［出典：http://www.verfassungen.de/de/preussen/preussen50-index.htm］

oldenburg19-index.htm]

▼28　**リッペ憲法**（1920年12月21日）

第10条⑤　ラント会計予算、公課法および俸給法については州民請求を認めない。

Verfassung des Landes Lippe（vom 21. Dezember 1920）

Artikel 10.［5］Nicht zulässig ist ein solches Volksverlangen über den Landkassenvoranschlag, über Abgabengesetze und Besoldungsordnungen.

［出典：http://www.verfassungen.de/de/nrw/lippe/lippe20-index.htm］

▼29　プロイセン憲法（1920年）第6条3項については、訳注23参照。

▼30　バーデン憲法23条3項については、訳注14参照。

▼31　ヘッセン憲法14条については、訳注15参照。

▼32　オルデンブルク憲法65条1項および2項については、訳注27参照。

▼33　メクレンブルク＝シュトレーリッツ憲法32条1項および2項については、訳注26参照。

▼34　本文中で以下説明されているように、国家の課税と支出の方針を制御する法律を指す。政府の収入と支出にのみかかわる金銭法案は、法体系に変化をもたらす他の法案と異なった扱いを受ける。

▼35　**人間と市民の権利の宣言**（Déclaration des droits de l'homme et du citoyen）

第6条　法律は一般意思（volonté générale）の表現である。すべての市民は、自らまたは自己の代表者を通じて法律の作成に協力する権利を有する。法律は、それが人を保護する場合でも罰する場合でも、すべての人にとって同一でなければならない。すべての市民は法律の前に平等であるから、自己の能力に応じ且つ自己の徳（vertu）および才能（talent）以外による差別なしに、平等に公の顕職（dignité）、地位（place）および職（emploi）に就くことができる。

第13条　公の武力の維持のためおよび行政の費用（dépense d'adminisitration）のために共通の租税（contribution commune）が不可欠である。共通の租税は、能力（faculté）に応じてすべての市民に等しく割当てられなければならない。

（中村義孝編訳『フランス憲法集成』法律文化社、2003年、16、17頁）

▼36　等族（Stände）は、英国、ドイツ、フランス等の身分制議会に、代表を選出することを許された諸身分を意味する。

▼37　**オーストラリア憲法**（1900年7月9日）

第56条（金銭法案の議決）　歳入または金銭の使途に対する投票、議決また

い。

Verfassung des Freistaates Schaumburg-Lippe (vom 24. Februar 1922)

Artikel 10. [5] Nicht zulässig ist ein solches Volksbegehren über den Staatshaushaltsplan, über Abgabengesetze und Besoldungsordnungen.

〔出典：http://www.verfassungen.de/de/nds/schaumburg-lippe/schaumburglippe22-index.htm〕

▼26　**メクレンブルク＝シュトレーリッツ憲法**（1923 年 5 月 23 日）

第 32 条①　直近の選挙時の有権者の 5 分の 1 をもって、法案を国民投票に付すように、州内閣に提案することができる。州内閣はこの申請に 3 カ月以内に応じなければならない。ただし、そのときまでにラント議会によって州民発案に合致する法律が可決された場合は除く。州民投票を行う場合には、第 22 条第 2 項第 2 文が該当する。

②　公課法および州予算法律には前項〔の規定〕は適用しない。

Landesgrundgesetz von Mecklenburg-Strelitz (vom 23. Mai 1923)

§ 32. [1] Durch ein Fünftel der bei der letzten Wahl Stimmberechtigten kann an das Staatsministerium der Antrag gestellt werden, einen Gesetzesvorschlag dem Volk zur Abstimmung vorzulegen. Das Staatsministerium hat diesem Antrage binnen drei Monaten zu entsprechen, sofern nicht bis dahin ein dem Volksbegehren entsprechendes Gesetz vom Landtage angenommen ist. Findet eine Volksabstimmung statt, so gilt der § 22 Absatz 2 Satz 2.

[2] Auf Abgabengesetze und Staatshaushaltsgesetze findet Absatz 1 keine Anwendung.

〔出典：http://www.verfassungen.de/de/mv/mecklenburg-strelitz/mecklenburgstrelitz23-index.htm〕

▼27　**オルデンブルク憲法**（1919 年 6 月 17 日）

第 65 条①　投票権を有するラント住民は 2 万人をもって発議権を行使し、国民投票を請求することができる。

②　租税法、公給法及び州予算法律については、第 65 条から第 68 条までの規定は適用しない。

Verfassung für den Freistaat Oldenburg (vom 17. Juni 1919)

§ 65. [1] Von 20000 stimmberechtigten Landeseinwohnern kann das Vorschlagsrecht ausgeübt und die Volksabstimmung verlangt werden.

[2] Auf Steuergesetze, Gehaltsgesetze und das Staatshaushaltsgesetz finden die Bestimmungen der §§ 65 bis 68 keine Anwendung.

〔出典：http://www.verfassungen.de/de/nds/oldenburg/

§ 26. Über den Haushaltsplan, über Abgabengesetze und Besoldungsordnungen findet kein Volksentscheid statt.

［出典：http://www.verfassungen.de/de/th/thueringen21-index.htm］

なお、原著本文では第 20 条が参照指示されているが、内容に鑑みてここでは第 26 条を訳出した。

▼21　**メクレンブルク＝シュヴェリーン憲法**（1920 年 5 月 17 日）

第 46 条　州予算、公課法および俸給法は州民発案および州民票決に服さない。

Verfassung des Freistaates Mecklenburg-Schwerin (vom 17. Mai 1920)

§ 46. Staatshaushalt, Abgabengesetze und Besoldungsordnungen unterliegen dem Volksbegehren und Volksentscheid nicht.

［出典：http://www.verfassungen.de/de/mv/mecklenburg-schwerin/mecklenburg20-index.htm］

なお、原著本文では第 45 条が参照指示されているが、内容に鑑みてここでは第 46 条を訳出した。

▼22　**ブラウンシュヴァイク憲法**（1922 年 1 月 6 日）

第 41 条③　予算案、財政問題、公課法および俸給法については州民発案を認めない。

Verfassung des Freistaates Braunschweig (vom 6. Januar 1922)

Artikel 41. [3] Über Haushaltsplan, Finanzfragen, Abgabengesetze und Besoldungsordnungen ist ein Volksbegehren nicht zulässig.

［出典：http://www.verfassungen.de/de/nds/braunschweig/braunschweig22-index.htm］

▼23　**プロイセン憲法**（1920 年 11 月 30 日）

第 6 条③　財政問題、公課法および俸給法については州民発案を認めない。

Verfassung des Freistaats Preußen (vom 30. November 1920)

Artikel 6. [3] Über Finanzfragen, Abgabengesetze und Besoldungsordnung ist ein Volksbegehren nicht zulässig.

［出典：http://www.verfassungen.de/de/preussen/preussen20-index.htm］

▼24　**ザクセン憲法**（1920 年 11 月 1 日）

第 37 条　州予算案、公課法および俸給法については州民発案を行わない。

Verfassung des Freistaates Sachsen (vom 1. November 1920)

Artikel 37. Über den Staatshaushaltsplan, Abgabengesetze und Besoldungsordnungen findet kein Volksbegehren statt.

［出典：http://www.verfassungen.de/de/sac/sachsen20-index.htm］

▼25　**シャウムブルク＝リッペ憲法**（1922 年 2 月 24 日）

第 10 条⑤　州予算案並びに公課法および俸給法については州民発案を認めな

三　州境の取締りにかんする法律

四　官庁の編成及および州公務員の俸給にかんする法律

五　ライヒ法律を施行する法律。ただし、ライヒ法律が施行法律の公布又は内容について拘束力をもって指図を与えている場合に限る。

六　ラント議会によって緊急を要するとされた法律

Verfassungsurkunde des Freistaats Bayern（vom 14. August 1919）

§ 77.［1］Ausgenommen von der Volksentscheidung sind:

1. Finanzgesetze und Gesetze über Steuern und Abgaben,

2. Staatsverträge,

3. Gesetze über Grenzregelungen,

4. Gesetze, die sich auf die Einrichtung von Behörden und die Besoldung der Staatsbeamten beziehen,

5. Ausführungsgesetze zu Reichsgesetzen, soferne diese bindend Anweisungen über die Erlassung oder Inhalt der Ausführungsgesetze geben,

6. die vom Landtag als dringend bezeichneten Gesetze.

［出典：http://www.verfassungen.de/de/by/bayern19-index.htm］

▼18　**ハンブルク憲法**（1921年1月7日）

第58条③　俸給法および公課法については州民票決を行わない。

Verfassung der Freien und Hansestadt Hamburg（vom 7. Januar 1921）

Artikel 58. [3] Über Besoldungsordnungen und über Abgabegesetze findet ein Volksentscheid nicht statt.

［出典：http://www.verfassungen.de/de/hh/hamburg21-index.htm］

▼19　**ブレーメン憲法**（1920年5月18日）

第4条②　予算案または俸給法の個別の項目については州民票決を認めない。予算案全体または俸給法全体について、並びに租税、公課、手数料に関する法律においては、本条4項に該当する場合にのみ州民票決を認める。

Verfassung der freien Hansestadt Bremen（vom 18. Mai 1920）

§ 4. [2] Ein Volksentscheid über Einzelheiten des Haushaltsplans oder einer Besoldungsordnung ist unzulässig, ein Volksentscheid über den Haushaltsplan als Ganzes oder über eine Besoldungsverordnung als Ganzes, sowie bei Gesetzen über Steuern, Abgaben und Gebühren ist nur im Falle des Absatz 4 dieses Paragraphen zulässig.

［出典：http://www.verfassungen.de/de/hb/bremen20-index.htm］

▼20　**テューリンゲン憲法**（1921年3月11日）

第26条　予算案、公課法および俸給法については州民票決を行わない。

Verfassung des Landes Thüringen（von 11. März 1921）

第23条③　次の各号は州民投票〔の対象〕から除外する。
一　ラント議会が3分の2の多数をもって緊急性を説明した場合は、公共の安寧および公の衛生・安全・秩序を維持するための法律
二　財政法律
三　租税と公課に関する法律。ただし、州内閣が国民投票の実施を決定した場合は除く。

Gesetz, die badische Verfassung betreffend (vom 21. März 1919)

§ 23. [3] Ausgeschlossen von der Volksabstimmung sind:

Gesetze zur Erhaltung des öffentlichen Friedens, der öffentlichen Gesundheit, Sicherheit und Ordnung, wenn sie vom Landtag mit Zweidrittel-Mehrheit als dringend erklärt sind;

das Finanzgesetz;

die Gesetze über Steuern und Abgaben, soweit bei diesen nicht das Staatsministerium die Vornahme der Volksabstimmung beschließt.

〔出典：http://www.verfassungen.de/de/bw/baden/baden19-index.htm〕

▼15　ヘッセン憲法（1919年12月12日）

第14条　財政法律および州の概算については州民投票を行わない。租税およびその他の負担にかんする法律、並びに俸給法は、第13条によって内閣全体が決定したときにのみ、州民投票に付すことができる。

Die Hessische Verfassung (vom 12. Dezember 1919)

Artikel 14. Über das Finanzgesetz und den Staatsvoranschlag findet keine Volksabstimmung statt. Gesetze über Steuern und sonstige Auflagen sowie Besoldungsgesetze können der Volksabstimmung nur unterworfen werden, wenn es das Gesamtministerium nach Artikel 13 beschließt.

〔出典：http://www.verfassungen.de/de/he/hessen19-index.htm〕

▼16　ヴュルテンベルク憲法（1919年9月25日）

第45条　公課法および州予算法については州民投票を行わない。

Die Verfassung Württembergs (vom 25. September 1919)

§ 45. Über Abgabengesetze und das Staatshaushaltsgesetz findet keine Volks-abstimmung statt.

〔出典：http://www.verfassungen.de/de/bw/wuerttemberg/wuerttemberg19-ndex.htm〕

▼17　バイエルン憲法（1919年8月14日）

第77条①　次の各号は州民議決〔の対象〕から除外する。
一　財政法律及び租税と公課にかんする法律
二　州際条約

② 同一の対象に対して複数の発案がライヒ議会に提出された場合において、その発案された複数の法律案のひとつが変更を受けることなくライヒ議会によって可決されたとき、その〔可決された〕法律もそれ以外の発案された法律案と併せて国民票決に付さなければならない。

Gesetz über den Volksentscheid (Vom 27. Juni 1921)

§ 3. [1] Gegenstand des Volksentscheids ist im Falle des § 1 Nr. 3 das begehrte und ein vom Reichstag beschlossenes abweichendes Gesetz.

[2] Haben dem Reichstag mehrere Volksbegehren über denselben Gegenstand vorgelegen, so ist auch ein vom Reichstag beschlossenes Gesetz, durch welches einer der begehrten Gesetzentwürfe unverändert angenommen wurde, zusammen mit den andern begehrten Gesetzentwürfen dem Volksentscheide zu unterbreiten.

［出典：Reichstags-Handbuch, II. Wahlperiode, Berlin, 1924, S.80ff.］

▼9 原語は〈Abgabengesetz〉。「租税法」と訳されることもあるが、本書ではSteurgesetzを「租税法」と訳し、両者を区別した。これに合わせて、本書ではAbgabeを「公課」、Steurを「租税」と訳出した。

▼10 ゲルハルト・アンシュッツ（1867 － 1948）。第二帝政末期からワイマール時代にかけて活躍したドイツの国法学者。当初は国民自由主義な立場からビスマルクを崇拝していたが、ワイマール共和国成立後は、ドイツ民主党に近い立場を取り、共和政を積極的に擁護するようになった。1921年に刊行された彼の憲法コンメンタール（注釈書）は憲法解釈に強い影響を与えることなった。

▼11 ハインリッヒ・トリーペル（1868 － 1946）。第二帝政末期からワイマール時代にかけて活躍したドイツの国法学者。ベルリン大学の国法学・国際法担当の教授、1926年から27年にかけてベルリン大学の総長を務める。ドイツ帝国党、ドイツ国家国民党に属し、政治的に保守的なスタンスを示していたが、ナチスとは一線を画していた。

▼12 ユリウス・ハチェック（1872 － 1926）。第二帝政末期からワイマール時代にかけて活躍したドイツの国法学者。議会法や、ドイツと英国の比較法の専門家として知られる。

▼13 ワイマール共和国の憲法制定を目指して、1919年2月から20年5月にかけてワイマールとベルリンで開かれた議会。1919年1月に暫定政府のもとで行われた普通選挙で選ばれた議員によって構成された。ドイツ民主党のコンラート・ハウスマンが憲法委員会の委員長を務めた。

▼14 **バーデン憲法**（1919年3月21日）

1. wenn der Reichspräsident den Volksentscheid über ein vom Reichstag beschlossenes Gesetz binnen eines Monats nach der Beschlußfassung angeordnet hat (Artikel 73 Abs. 1 der Reichsverfassung);

2. wenn auf Verlangen eines Drittels des Reichstags die Verkündung eines Reichsgesetzes um zwei Monate ausgesetzt ist und ein Zwangzigstel der Stimmberechtigten den Volksentscheid beantragt hat (Artikel 71 und 73 Abs. 2 der Reichsverfassung);

3. wenn ein Zehntel der Stimmberechtigten unter Zugrundelegung eines ausgearbeiteten Entwurf seine Vorlegung begehrt hat und der begehrte Gesetzentwurf im Reichstag nicht unverändert angenommen worden ist (Artikel 73 Abs. 3 der Reichsverfassung);

4. wenn der Reichspräsident bei Meinungsverschiedenheiten zwischen Reichstag und Reichsrat über ein vom Reichstag beschlossenes Gesetz den Volksentscheid darüber angeordnet hat (Artikel 74 Abs. 3 der Reichsverfassung);

5. wenn der Reichstag entgegen dem Einspruch des Reichsrats eine Verfassungsänderung beschlossen und der Reichsrat binnen zwei Wochen den Volksentscheid verlangt hat (Artikel 76 Abs. 2 der Reichsverfassung).

[2] Über den Haushaltsplan, über Abgabengesetze und Besoldungsordnungen findet ein Volksentscheid nach Nr. 2 und 3 nicht statt (Artikel 73 Abs. 4 der Reichsverfassung).

［出典：Reichstags-Handbuch, II. Wahlperiode, Berlin, 1924, S.80ff.］

▼6　「ライヒ Reich」は、「帝国」を意味するドイツ語である。第一次大戦の敗戦によって、ドイツは「帝国」ではなくなったが、連邦的な性格を持つドイツ国家全体の呼称として国民が慣れ親しんでいたため、ワイマール憲法の条文などでも「ライヒ」という呼称がそのまま用いられることになった。

▼7　フーゴー・プロイス（1860 − 1926）。ワイマール時代のドイツの国法学者・政治家。帝政末期にベルリン商科大学の教授を務める傍ら、進歩人民党に所属し、ベルリン市会議員としても活動する。革命後、中道左派的なDDP（ドイツ民主党）の創設メンバーになり、共和政の最初の内閣であるシャイデマン内閣で内相を務める。ワイマール憲法の草案の作成で中心的な役割を果たす。例外状態（非常事態）における大統領の大権に関する48条は、彼の考えに基づくとされる。

▼8　**国民票決法**（1921年6月27日）

第3条①　第1条第3号の事案において国民票決の対象は、発案された法律およびライヒ議会によって議決された変更済みの法律である。

訳注

▼1　原語は〈Volk〉。この語は、「庶民」「民衆」「民族」「人民」など、多様な意味で使われるが、本書では、主として「国民投票」に関連して用いられているので、原則として「国民」と訳すことにする。

▼2　Robert Michels, *Zur Soziologie des Parteiwesens in der modernen Demokratie : Untersuchungen über die oligarchischen Tendenzen des Gruppenlebens*, 2.Aufl., Alfred Kröner, 1925（ロベルト・ミヘルス『現代民主主義における政党の社会学：集団活動の寡頭制的傾向についての研究』森博・樋口晟子訳、木鐸社、1990 年）.

▼3　W. H. Mallock, *The Limits Of Pure Democracy*, Dutton, 1917.

▼4　寡頭制の鉄則（ehernes Gesetz der Oligarchie）とは、どのような組織であれ、その規模が大きくなるにつれて、少数者の支配が避けられなくなるということを言い表す用語。ミヘルスが『政党の社会学』のなかで提示した概念として広く知られている。阿部齊ほか編『現代政治学小辞典（新版）』（有斐閣、1999 年）60 頁参照。

▼5　**国民票決法**（1921 年 6 月 27 日）

第 1 条①　次の各号の場合において国民票決を実施する。

一　ライヒ議会によって議決された法律にかんして、ライヒ大統領が議決後 1 カ月以内に国民票決を命じたとき（ワイマール憲法第 73 条第 1 項）。

二　ライヒ議会の 3 分の 1 の請求に基づきライヒ法律の公布が 2 カ月延期された場合において、有権者の 20 分の 1 が国民票決を申し出たとき（ワイマール憲法第 71 条及び第 73 条第 2 項）。

三　完成した法律案に基づいて有権者の 10 分の 1 が法律案の提出を発案した場合において、その発案された法律案がライヒ議会で変更を受けて可決されたとき（ワイマール憲法第 73 条第 3 項）。

四　ライヒ議会が議決した法律をめぐってライヒ議会とライヒ参議院との間に見解の相違が存在する場合において、ライヒ大統領がこれにかんする国民票決を命じたとき（ワイマール憲法第 74 条第 3 項）。

五　ライヒ参議院の異議に反してライヒ議会が憲法改正を議決した場合において、ライヒ議会が 2 週間以内に国民票決を請求した場合（ワイマール憲法第 76 条第 2 項）。

②　予算案、公課法、俸給法については前項第 2 号及び第 3 号による国民票決を実施しない（ワイマール憲法第 73 条第 4 項）。

Gesetz über den Volksentscheid（Vom 27. Juni 1921）

§ 1. [1] Ein Volksentscheid findet statt,

⑤　ライヒ参議院の同意は、第74条の規定により、これに代えることができる。

Artikel 85. ［1］ Alle Einnahmen und Ausgaben des Reichs müssen für jedes Rechnungsjahr veranschlagt und in den Haushaltsplan eingestellt werden.

［2］ Der Haushaltsplan wird vor Beginn des Rechnungsjahres durch ein Gesetz festgestellt.

［3］ Die Ausgaben werden in der Regel für ein Jahr bewilligt, sie können in besonderen Fällen auch für eine längere Dauer bewilligt werden. Im übrigen sind Vorschriften im Reichshaushaltsgesetz unzulässig, die über das Rechnungsjahr hinausreichen oder sich nicht auf die Einnahmen und Ausgaben des Reichs oder ihre Verwaltung beziehen.

［4］ Der Reichstag kann im Entwurfe des Haushaltsplans ohne Zustimmung des Reichsrats Ausgaben nicht erhöhen oder neu einsetzen.

［5］ Die Zustimmung des Reichsrats kann gemäß den Vorschriften des Artikels 74 ersetzt werden.

［出典：Reichsgesetzblatt 1919, S.1383ff.（項番号［1］［2］…は訳者が挿入した）］

tag mit Zweidrittelmehrheit entgegen dem Einspruch des Reichsrats beschlossen, so hat der Präsident das Gesetz binnen drei Monaten in der vom Reichstag beschlossenen Fassung zu verkünden oder einen Volksentscheid anzuordnen.

第 75 条　国民票決がライヒ議会の議決を無効にできるのは、有権者の過半数が投票に参加した場合に限る。

Artikel 75. Durch den Volksentscheid kann ein Beschluß des Reichstags nur dann außer Kraft gesetzt werden, wenn sich die Mehrheit der Stimmberechtigten an der Abstimmung beteiligt.

第 85 条①　ライヒの全収支は会計年度ごとに見積もりを行い、予算案に編成しなければならない。

②　予算案は会計年度の開始以前に法律でこれを定めるものとする。

③　支出は通常 1 年ごとに承認される、特別の事情がある場合にはそれよりも長い期間について承認することもできる。それ以外の場合において、ライヒ予算法律の中に会計年度を超える規定、またはライヒの収支もしくはその処理にかかわりのない規定を認めることはできない。

④　ライヒ議会は予算案の原案に際してライヒ参議院の同意がなければ、支出を増額したり新規の支出項目を組み込むことはできない。

らに２週間以内にその理由を付さなければならない。

③　異議があったときは、当該法律はライヒ議会で再度議決に付される。この場合にライヒ議会とライヒ参議院の見解が一致しないときは、ライヒ大統領は３カ月以内にその見解の相違点について国民票決を命じることができる。大統領がこの権利を行使しないとき、当該法律は成立しなかったものと見なされる。〔ただし〕ライヒ参議院の異議に対して、ライヒ議会が３分の２の多数をもって〔再度法律を〕議決したときは、大統領は３カ月以内に当該法律をライヒ議会によって議決されたとおりに公布するか、あるいは国民票決を命じなければならない。

Artikel 74. ［1］ Gegen die vom Reichstag beschlossenen Gesetze steht dem Reichsrat der Einspruch zu.

［2］ Der Einspruch muß innerhalb zweier Wochen nach der Schlußabstimmung im Reichstag bei der Reichsregierung eingebracht und spätestens binnen zwei weiteren Wochen mit Gründen versehen werden.

［3］ Im Falle des Einspruchs wird das Gesetz dem Reichstag zur nochmaligen Beschlußfassung vorgelegt. Kommt hierbei keine Übereinstimmung zwischen Reichstag und Reichsrat zustande, so kann der Reichspräsident binnen drei Monaten über den Gegenstand der Meinungsverschiedenheit einen Volksentscheid anordnen. Macht der Präsident von diesem Rechte keinen Gebrauch, so gilt das Gesetz als nicht zustande gekommen. Hat der Reichswenn der Reichspräsident binnen eines Monats es bestimmt.

［2］ Ein Gesetz, dessen Verkündung auf Antrag von mindestens einem Drittel des Reichstags ausgesetzt ist, ist dem Volksentscheid zu unterbreiten, wenn ein Zwanzigstel der Stimmberechtigten es beantragt.

［3］ Ein Volksentscheid ist ferner herbeizuführen, wenn ein Zehntel der Stimmberechtigten das Begehren nach Vorlegung eines Gesetzentwurfs stellt. Dem Volksbegehren muß ein ausgearbeiteter Gesetzentwurf zu Grunde liegen. Er ist von der Reichsregierung unter Darlegung ihrer Stellungnahme dem Reichstag zu unterbreiten. Der Volksentscheid findet nicht statt, wenn der begehrte Gesetzentwurf im Reichstag unverändert angenommen worden ist.

［4］ Über den Haushaltsplan, über Abgabengesetze und Besoldungsordnungen kann nur der Reichspräsident einen Volksentscheid veranlassen.

［5］ Das Verfahren beim Volksentscheid und beim Volksbegehren regelt ein Reichsgesetz.

第74条①　ライヒ議会が議決した法律に対して、ライヒ参議院は異議を唱えることができる。

②　異議はライヒ議会で最終議決が行われてから２週間以内にライヒ政府に提出しなければならず、遅くともそれからさ

かかわらず、ライヒ大統領はこれを公布することができる。

Artikel 72. Die Verkündung eines Reichsgesetzes ist um zwei Monate auszusetzen, wenn es ein Drittel des Reichstags verlangt. Gesetze, die der Reichstag und der Reichsrat für dringlich erklären, kann der Reichspräsident ungeachtet dieses Verlangens verkünden.

第73条① ライヒ議会が議決した法律に関して1カ月以内にライヒ大統領の決定があれば、当該法律の公布に先立って国民票決《フォルクスエントシャイト》を実施しなければならない。

② ライヒ議会の少なくとも3分の1の動議に基づいて法律の公布が延期された場合、有権者の20分の1の請求があれば、国民票決を実施しなければならない。

③ 加えて、有権者の10分の1が法律案の提出を発案するときも国民票決を実施しなければならない。国民発案《フォルクスベゲーレン》は、完成した法律案に基づいていなければならない。その法律案は、ライヒ政府が自己の見解を付してこれをライヒ議会へ提出しなければならない。発案された法律案がライヒ議会において変更を受けずに可決された場合、国民票決は実施しない。

④ 予算案《ハウスハルツプラン》、公課法《アプガーベンゲゼッツ》、俸給法《ベゾルドゥングスオルドヌング》については、ライヒ大統領のみが国民票決を命じることができる。

⑤ 国民票決および国民発案の手続きはライヒ法律でこれを定める。

Artikel 73. ［1］ Ein vom Reichstag beschlossenes Gesetz ist vor seiner Verkündung zum Volksentscheid zu bringen,

資料：**ワイマール憲法**Verfassung des Deutschen Reichs(1919)の関連条文

前文　ドイツ国民は諸民族において一体となり、自由と正義において国《ライヒ》を新たに確立し、国内および国外の平和に貢献し、社会的進歩を推進しようとする意志をもって、この憲法を制定した。

Präambel　Das Deutsche Volk, einig in seinen Stämmen und von dem Willen beseelt, sein Reich in Freiheit und Gerechtigkeit zu erneuern und zu festigen, dem inneren und dem äußeren Frieden zu dienen und den gesellschaftlichen Fortschritt zu fördern, hat sich diese Verfassung gegeben.

第68条①　法律案はライヒ政府によって、又はライヒ議会の中から提出される。

②　ライヒ法律は、ライヒ議会がこれを議決する。

Artikel 68. ［1］ Die Gesetzesvorlagen werden von der Reichsregierung oder aus der Mitte des Reichstags eingebracht.

［2］ Die Reichsgesetze werden vom Reichstag beschlossen.

第72条　ライヒ法律の公布は、ライヒ議会の３分の１の請求があれば２カ月延期される。〔ただし、〕ライヒ議会およびライヒ参議院が緊急性を説明した法律については、延期の請求に

解説——シュミット理論の魅（魔）力

仲正昌樹

カール・シュミットという法哲学者をある程度知っていて、それなりの具体的なイメージを持っている読者にとっては、『国民票決と国民発案――ワイマール憲法の解釈および直接民主制論に関する一考察』という本書のタイトルは、意外だという印象を受けることだろう。「主権者とは、例外状況にかんして決断をくだす者をいう」とか、「政治的な行動や動機の基因と考えられる、特殊政治的な区別とは、友と敵という区別である」、といったまがまがしく印象的なフレーズ――これらのフレーズの意味するところについては、仲正著『カール・シュミット入門講義』（作品社）を参照――や、一時期第三帝国の「桂冠法学者」と称されたことなどから、「シュミット＝全体主義を正当化する危ない法学者」、と考えている人は少なくないだろう。そのシュミットが「民主主義」、しかも直接民主主義的な意味合いを帯びている「国民発案(イニシアティブ)」や「国民票決(レファレンダム)」を語るのは何故なのか?

シュミットの思想を多少なりとも専門的に勉強したことのある人にとっては、シュミットが〝民主主義〟に対して好意的な態度を示しているのは、ある意味常識である。ただ、それは普通に理解されている意味での「民主主義」ではない。『現代議会主義の精神史的地位』(一九二三)でシュミットは、民主主義と、自由主義が互いに本質的に相容れないことを指摘している。多数派による支配を意味する民主主義と、個人の自由を最大限尊重する自由主義が緊張関係にあること自体は、フランス革命以降、バンジャマン・コンスタン(一七六七―一八三〇)、トクヴィル(一八〇五―五九)、ジョン・スチュアート・ミル(一八〇六―七三)等によって繰り返し強調されてきたことであり、さほど珍しいことではない。これらの論者とシュミットが違うのは、前者が、次第に権力を増大させ、道徳的・知的な権威さえも確保しつつあった「民主主義」(の名の下に政治を支配する多数派)の圧力から、個人の自由を守ろうとする立場、「自由主義」の視点からの議論を展開したのに対し、シュミットはむしろ、価値の多元性を前提とする「自由主義」はその妨害要因だと示唆していることである。

更に、上記の著作で示されたシュミットの「民主主義」の定義はかなりユニークである。「人民」の中の多数派の支配ではない。シュミットによれば、民主主義は、統治者と被治者、支配者と被支配者、国家的権威の主体と客体、人民と議会におけるその代表、国家と投票する人民、国家と法、そして最終的には、量的なもの（数的に現れる多数あるいは全員一致）と質的なもの（法律の正当性）の間の、一連の「同一性 Identität」によって成り立つ。この定義は、一見突拍子もないように思えるが、近代民主主義論の父とも呼ばれるルソー（一七一二―七八）の「一般意志」論を一応踏まえたものである。

「一般意志」論は、人々が「ひとつの人民 un peuple」として結合する社会契約を結びながら、（他者に支配されることなく）「自由」であるにはどうすればいいか、という問いに対する答えとして考え出された。「自由」の本質が、自分の決めたことに自分で従うこと（＝自律）であるとすれば、「人民」が〝ひとつの意志〟を共有する統一的な主体であり、「人民」（に属する各市民）がその〝意志〟の決定に従っている状態もまた、〝自由〟だと考えられる。そうした意味での〝人民〟の「共通の自己」の意志が、「一般意志」である。無論、「人民」が心身を具えた巨大な人間として実在するようになるわけではない。そのため、各人は、社会契約によって出来上がった「人民」という虚構の人格の意志としての「一般意志」が、〝自分自身（私）の意志〟でもあることに、予め同意する必要がある。例えば、何らかの手順に従った会議での決定とか、人民を代表する立場にある特定の人の決断によって決まったことは、「一般意志」であるとしたうえで、それに従うことは、自分の意志に従うことなので、決して他人に従っているわけではない、ということに同意するということである。社会契約にはそのことが含まれねばならない。というより、それこそが、ルソーの想定する社会契約の中核である。

無論、このようにして獲得された〝自由〟は、社会契約によって成立した国家の法体系の中の約束事として成立している「自由」、法・政治理論的に「自由」と見なされるものにすぎない。「一般意志」に従う市民たちには、自分が〝自由〟であるという実感はほとんどなく、「法に従うことは、君自身の意志に従うことだ」、という建前を押し付けられているとしか思えないだろう。シュミットの議論は、「一般意志」論から、そうした〝自由〟に関する建前を取り去った時に残るのは、先に挙げたような一連の「同一性」であり、それこそが「民主主義」の本質だと主張しているわけである。統治する者と統治される者が等しい、投票する人民とその投票を受けて人民を代表する者が等しい、人民代表によって制定される法の内容と人民の意志が等しい、という想定の下に、国家の統治に権威を与え、正当化するのが「民主主義」なのである。個人の多様な価値や行動を許容し、促進する「自由主義」はそこに入る余地がない。

ただ、シュミットが言うところの「同一性」は、「同一性」そのものではなく、人民による「同一性」の「承認 Anerkennung」にすぎない。それではいかにも不安定である。『現代議会主義の精神史的地位』の第二版（一九二六）の「まえがき」では、「同一性」をより具体的なものに結び付けることを試みている。曰く、民主主義の本質は第一に「同質性 Homogenität」であり、第二に、（必要な場合における）「異質なもの das Heterogene」の排除（Ausscheidung）

あるいは絶滅（Vernichtung）である。この同質性は古代ギリシアにおいては、徳、すなわち公民としての能力であり、一七世紀の英国で非国教会系の諸宗派が推進した民主主義では、宗教的確信の一致であったが、一九世紀以降では、圧倒的に特定の「国民 Nation」への帰属、「国民的帰属 die nationale Homogenität」である。その具体例として、トルコが進めるギリシア人の国外移住による国土のトルコ化や、オーストラリアの移民法による、好ましくない移住者の流入を阻止し、正しい種類の植民者のみを入国させるようになったことなどを挙げている。この時期のシュミットはまだナチス支持を打ち出しておらず、カトリック保守主義の立場を取っていたはずだが、ナチスの「民族的ナショナリズム völkischer Nationalismus」を連想させるような議論である。

そうした［同一性→同質性］に重点を置く特異な「民主主義」観を取るシュミットは、議会制に対して懐疑的である。代表者たちによる討議に重きを置く「議会主義」は、言論・出版・討論の自由を核とする「自由主義」とは親和性があるが、結果的に人々の意見や価値観を拡散させることになり、人々がお互いの「同一性」を認知しにくくなる。自由主義者たちは、政治のあるべき姿をめぐって多様な意見が登場し、互いに競い合うことを通して、人々の意見が次第に本当の〝真理〟へと収斂していくと想定していたが、シュミットに言わせれば、それは形而上学的な前提である。現実の政治では、議会における討論の役割はかなり縮小されており、最も重要なことは官僚たちの秘密会議によって決定される――これは、マックス・ウェーバーとも共通する認識であるが、詳しくは、仲正著『マックス・ウェーバーを読む』（講談社）を参照。「議会主義」が「民主主義」の望ましい在り方だと考えるのは、近代自由主義者たちの幻想である。

第二版の「まえがき」でシュミットは、公共的な討論によって形成される「世論」のような当てにならないものではなく、人民＝民衆（Volk）の圧倒的な「喝采 acclamatio」によって支持を得た指導者による「独裁」を本質とするシーザー主義を、「民主主義」のもう一つの在り方として呈示している。「喝采」の中での全員が一体となった神話的熱狂こそが、単なる法理論上の想定を超えた、「同一性」あるいは「同質性」を創出するのである。「喝采」と「民主主義」を結び付ける議論は、本書『国民票決と国民発案』や、彼の憲法学上の主著『憲法論』（一九二八）にも見られる。シュミットは、古代ローマ以来の「独裁」の制度の歴史的変遷を論じた論文『独裁』（一九二一、二七）で、「人民」の「憲法制定（構成的）権力 pouvoir constituant」をめぐるフランス革命以来の議論を援用しながら、（「憲法」が完全に構成され切っていない状態＝例外状態における）人民の直接的な権力行使が「主権的独裁 souveräne Diktatur」――実際には、人民の意志を代行する独裁官による、法に縛られない権力行使――という形を取り得ることを示唆していた。『現代議会主義の精神史的地位』以降のシュミット、そうした

［憲法制定権力→主権的独裁］論が、（シーザー主義的に理解された）「民主主義」と適合することを示唆するようになる。

そういうシュミットの著述の流れを前提にして、『国民票決と国民発案』を読むと、彼の狙いがどこにあるか見えてくる。冒頭のシュミットの問題提起を素直に受け止めると、これは、議会制民主主義を基本とするワイマール憲法に、議会制を補うべく盛り込まれた「直接民主制」に関わる制度、「国民発案」と「国民票決」について憲法学的に掘り下げて論じることに主眼が置かれているようである。実際シュミットは、他国の憲法との比較や、ワイマール憲法制定当時の議論、学説を参照しながら、「国民票決」と「国民発案」がそれぞれ何を目的としており、実際にその目的に適った制度になっているのか、原理と具体的な規定の間に矛盾はないのか詳細に検討していく。

シュミットの解釈によれば、憲法七四条は、議会、参議院、大統領の間に見解の相違があった場合、「国民票決 Volksentscheid」という形で、「人民 das Volk」が最終的に「決断 Entscheidung」を下すべき立場に置かれ得ること、いわば、最終審級であることを規定している。七三条は、「国民発案 Volksbegehren」による立法を可能にしている。しかし同時にその発案の内容が推敲されて練り上げられたものになっており、政府によって法案として議会に提出されることを条件としている。法案がそのままの形で可決されれば、「国民票決」は行われない。法案が修正されたり、否決されたりした場合は、「国民票決」が行われるが、オリジナルの法案に対して、「人民」が直接意志表明することはできない。こうした諸規定を表面的に見る限り、「国民発案」に基づく立法は、議会制に組み込まれており、議会での討議に「人民（国民）Volk」の意志をある程度反映するだけであって、純粋な直接民主制の現れとは言えないのではないか、と思えてくる。しかし、シュミットは、それとは別の見方を呈示する。一九二一年の国民票決法では、「人民」は、人民自身――実際には、一〇分の一を超える数の人民――の発案と、議会で修正された法案との間で票決することができるとされた。このことは、人民自身の意志の（部分的）表明である「国民発案」に端を発する立法過程（「国民立法手続き」）の帰結を――たとえ途中に政府と議会が間に入っているとはいえ――「人民」自身が、最終的にコントロールできる立場に置かれたことを意味する。これは、純粋な直接民主制に向けての憲法改正と見ることができよう。こうした基本構造の輪郭を示すことで、シュミットは、（憲法において明示された）決断者としての「人民」を印象付ける。

このテクスト全体の三分の一の分量を占める第Ⅱ章では、予算、公課（租税）、俸給に関する法律が「国民発案」の対象から除外され、大統領のみが「国民票決」への発議を行うことができると規定されていることについてかなり詳細に論じられている。シュミットが財政について論じるというのは意外な感じがするが、彼は予算に関連する問題を除外するのは、事の性質上、自然なことであることを比較法的な考察を通して明らかにすることを試みている。予算は確かに国家の運営の中核とも言うべき重要な制度であり、共和政の末期には、予算をめぐる議会と政府の対立をどう解決するかが最重要な政治課題になった。ただし、各分野への金銭の配分をめぐる細かな専門的知識が必要とされる問題であり、「人民」の意志によって政治の基本的方向性を決定することに主眼がある「国民発案」にはそぐわない。予算関連の法律を除外したからといって、必ずしも「国民発案」が空洞化されていることにはならない、というのがシュミットの言わんとしていることだろう。この章での考察から得られた教訓としてシュミットは、「誰が決定するのか」という問いの重要性を強調している。これこそが、彼の一連の政治・法哲学的な考察における最も中心的な問いである。

第Ⅲ章「直接民主制の必然的限界」において、それまで法学者として厳密な解釈論を展開してきたシュミットの思想的本領が発揮されることになる。ワイマール憲法は確かに「人民」の意志を直接的に政治や法に反映する制度を定めているが、手続き的な制約ゆえに、反映されるのは「人民」のごく一部である。(恐らくは特定の政治のプロや官僚によってコントロールされる)一〇分の一を少し超える数の〝人民〟による「国民発案」が、政府や議会での加工を経て、「国民票決」にもたらされたとしても、それをもって、主権者としての「人民」の位置が確認されたと言えるのか？　実際には、「人民」(の大多数)はイエス、ノーを言うことしかできないのではないか？　シュミットは、民主主義の核心は、「人民」全体の活動、権限、機能を露わにし、その「意志」を表明することにあるのではないか、と指摘したうえで、「喝采」という形でこそ、「人民」の一体（同一）性や生き生きした能動性が直接的に具現されることを、ここでも改めて主張している。

このように、「人民」本来の生き生きした姿との対比で、憲法に組み込まれている直接民主制のための制度の限界を指摘する一方で、「人民」が政治の方向性について決断する、（シュミット的な意味での）「主権者」であることも強調している。「国民票決」は、正規の立法機関、つまり（人民によって選定された）「官吏」の間での見解の対立に対して、人民が下す「主権的決断」としての意味を持つ。「人民」は、「あらかじめ手続き上具体的な立法手続きに縛られるということなしに、外部から召喚されて介入するかたちで、決断を下す」という言い回しは、いかにもシュミットらしい。「外部 außen」という表現は、例外状態における主権者の決断を、奇蹟という特別な状況における（キリスト教の）神の直接的な介入とのアナロジーで捉えた、『政治神学』での議論を想起させる。「国民票決」の瞬間に、その生き生きした姿を垣間見せる、「人民」は、奇蹟の瞬間に（のみ）直接その意志を示す、共和国にとっての神のような存在なのかもしれない。

ここから、「人民」の主権的独裁、その代行者としての大統領などによる「独裁」へと一気に話が続きそうに見える。『大統領の独裁』（一九二四、二八）では、実際にその可能性を探究している。本書では、そこまで論を進めておらず、最後は再び、財政の問題に言及し、財政の問題が足かせになっているため、現代においては（シュミットの意味での）「民主主義」を全面的に実現するのが困難であることを示唆している。最後に、法学者らしい慎重さを見せたのかもしれない。このテクストは、シュミットが、例外状態において、神の奇蹟のごとく呼び出される「人民」の名による「主権独裁」を正当化するに至る、一歩手前のところ、シュミットの政治神学と憲法論、リアルな政治情勢分析の三者が完全に一致する手前に位置するものと言うことができようか。

訳者たちがこの翻訳に取り掛かったのは、安保法制をめぐって与野党の対立が激化していた時期（二〇一五年前半）である。反対派の人々は揃って、衆議院で圧倒的多数を占めていることをもって、従来の憲法解釈を捻じ曲げようとしている与党の横暴を非難していたが、中には、そうした横暴を許容してしまう議会制の限界を指摘し、デモや大規模集会のような形で表明される、生き生きした「民衆」の意志を直接反映するような仕組みの必要性を訴える言論人もいた。そしてこの訳がほぼ完成したのは、森友・加計問題の影響で低下した世論の支持を回復すべく、安倍首相が衆議院の解散を決断した時期である。直接民意を問うことを求めていた野党、特に、第一党であった民進党が大混乱に陥り、事実上解党して、「国民ファースト」を掲げる「希望の党」に合流する人たちと、安保法制反対の立場を貫く立憲民主党を立ち上げる人、無所属になる人などに分裂した。マスコミの報道も、どの党が〝民意（＝現在の民衆の意志）〟に最も近いと解釈していいのか、よく分からないまま混沌とした状態が続いている。

九〇年前のドイツで書かれたシュミットのテクストを、現代の日本の政治状況に直接的に重ね合わせることには慎重にならねばならないが、少なくとも、民衆の圧倒的な情熱に過度の期待を寄せる「直接民主主義」が、予想外の危険を秘めていることは読み取れるだろう。このテクストを通して読めば分かるように、魔性の法学者カール・シュミットは、少なくとも本人の理解では、〝立憲民主主義者〟だったのである。

本書の訳は、松島が随時仲正と相談しながら全体を訳した後、仲正が補足し、松島と相談したうえで、最終稿とした。訳に思わぬ誤りがあるとしたら、責任は監訳者の仲正にある。

二〇一七年一〇月九日

金沢市平和町にて

【著者略歴】 カール・シュミット　Carl Schmitt（1888 年－1985 年）

ドイツ・ヴェストファーレン地方のプレッテンベルクに生まれる。生家はカトリック。ベルリン、ミュンヘン、シュトラスブルクで学び、1916 年論文「国家の価値と個人の意義」により教授資格取得。ヒトラー政権の誕生から敗戦までの 1933 年から 44 年、ベルリン大学教授。またナチスに多大な影響を与えた小説家エルンスト・ユンガーと終生にわたり交流。第二次大戦後逮捕され、ニュルンベルク裁判では、不起訴。以後は隠棲し著述活動に専念した。ドイツが敗北した第一次大戦後のワイマール共和国並びにヴェルサイユ体制を批判しつつ、〈決断〉と独裁者、敵／味方、〈政治〉概念を規定した彼の議論は、1933 年登場のナチス・ヒトラー体制の「独裁」を思想的に先取りしたといえる。

ヴァルター・ベンヤミン、レオ・シュトラウス、ジャック・デリダ、ハンナ・アーレント、ジョルジョ・アガンベン、アントニオ・ネグリ、スラヴォイ・ジジェク、シャンタル・ムフら、現在に至るも、保守主義や右派から、ポストモダン左派まで、幅広く多大な影響を与え続けている。

主要な著作は、『カール・シュミット著作集（I･II）』（長尾龍一編、田中成明・樋口陽一・長尾龍一ほか訳、慈学社、2007 年）に収められている。

【監訳者略歴】

仲正昌樹（なかまさ・まさき）

1963 年広島生まれ。東京大学総合文化研究科地域文化研究専攻博士課程修了（学術博士）。現在、金沢大学法学類教授。専門は、法哲学、政治思想史、ドイツ文学。古典を最も分かりやすく読み解くことで定評がある。また、近年は、『Pure Nation』（あごうさとし構成・演出）でドラマトゥルクを担当するなど、現代思想の芸術への応用の試みにも関わっている。

・最近の主な著作に、『ハイデガー哲学入門――「存在と時間」を読む』（講談社現代新書）
・最近の主な編・共著に、『政治思想の知恵』『現代社会思想の海図』（ともに法律文化社）
・最近の主な翻訳に、ハンナ・アーレント著／ロナルド・ベイナー編『完訳カント政治哲学講義録』（明月堂書店）
・最近の主な共・監訳に、ドゥルシラ・コーネル著『自由の道徳的イメージ』（御茶の水書房）

【訳者略歴】

松島裕一（まつしま・ゆういち）

1979 年生。大阪大学大学院法学研究科博士後期課程単位取得退学。現在、摂南大学法学部専任講師。専門は法哲学・法思想史。

Carl Schmitt,
Volksentscheid und Volksbegehren
Ein Beitrag zur Auslegung der Weimarer Verfassung
und zur Lehre von der unmittelbaren Demokratie,
1927

国民票決と国民発案
――ワイマール憲法の解釈および直接民主制論に関する一考察

2018年2月 5 日第1刷印刷
2018年2月10日第1刷発行

著　者　カール・シュミット
監訳者　仲正昌樹
訳　者　松島裕一

発行者　和田肇
発行所　株式会社作品社
〒102-0072　東京都千代田区飯田橋2-7-4
Tel 03-3262-9753 Fax 03-3262-9757
http://www.sakuhinsha.com
振替口座 00160-3-27183

装　幀　伊勢功治
本文組版　有限会社閏月社
印刷・製本　シナノ印刷(株)

Printed in Japan
落丁・乱丁本はお取替えいたします
定価はカバーに表示してあります
ISBN978-4-86182-679-5 C0010